매일 1장 초등영어 쓰기습관

100일의 기적

시원스쿨 지음

Intermediate 초등 영어 '레벨업'

S 시원스쿨닷컴

매일 1장
초등 영어 쓰기 습관
100일의 기적
Intermediate

초판 1쇄 발행 2024년 6월 28일

지은이 시원스쿨
펴낸곳 (주)에스제이더블유인터내셔널
펴낸이 양홍걸 이시원

홈페이지 www.siwonschool.com
주소 서울시 영등포구 영신로 166 시원스쿨
교재 구입 문의 02)2014-8151
고객센터 02)6409-087 8

ISBN 979-11-6150-861-0 63740
Number 1-120101-25259900-09

매일 1장
100일
영어 쓰기 습관의
놀라운 기적

Practice
Makes
Perfect.

연습이
완벽을
만듭니다.

키가 하루 아침에 갑자기 쑥! 자랄까요?

아니죠. 매일매일 조금씩 꾸준히 자라다 마침내 큰 키가 되는 거죠.

말도 마찬가지예요. 어느 날 갑자기 지금처럼 말을 잘하게 됐을까요?

아니죠. 아기였을 때 엄마, 아빠라고 말하는 것부터 시작해

매일매일 조금씩 꾸준히 말이 늘다가 마침내 잘하게 되는 거죠.

무슨 일이든 갑자기 한꺼번에 되는 일은 없어요.

영어를 잘하려면 영어도 **매일매일 조금씩 꾸준히** 해야 해요.

그렇게 하다 보면 "어, 이젠 영어가 너무 편해!"라고 느껴지는 날이 올 거예요.

자, 그럼 지금부터 100일 동안 **매일매일 조금씩 꾸준히**

매일 1장 영어 쓰기 습관으로 영어와 친해져 볼까요?

Features

책의 구성 및 특징

1 책을 꾹꾹 눌러 평평하게 펼쳐도 책이 접히지 않아 영어 쓰기가 편해요.

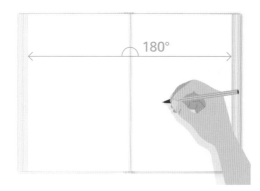

180°

책을 꾹꾹 눌러 180도로 펼쳐도 책이 접히지 않고 자연스럽게 펼쳐지는 특별한 방식(PUR제본)으로 제작되어 영어를 아주 편안하게 쓸 수 있어요.

2 영어 쓰기를 시작하기 전 기본 동사, 문장 형식, 배울 내용을 미리 살펴봐요.

(1) 'Be동사(~이다)'와 '일반 동사(~하다)'가 무엇인지 파악한 다음, (2) 1형식, 2형식, 3형식 영어 문장의 구조를 파악하고, (2) 앞으로 100일간 배우게 될 내용을 미리 살펴봐요.

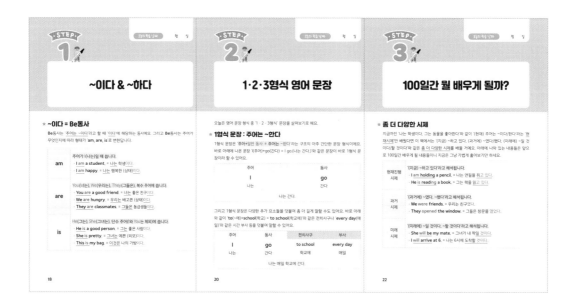

3 매일 1장씩 100일간 100문장을 쓰면서 자연스레 '영단어, 영문법, 영어회화'를 익혀요.

매일 1장씩 100일간 쓰게 되는 100개의 문장들은 '쓰면서 자연스럽게' 초등 필수 영단어, 영문법, 영어회화를 익힐 수 있도록 체계적인 기준에 따라 엄선된 문장들이에요. 따라서 100일간 꾸준히 쓰다 보면 영어 실력이 탄탄하게 성장해요.

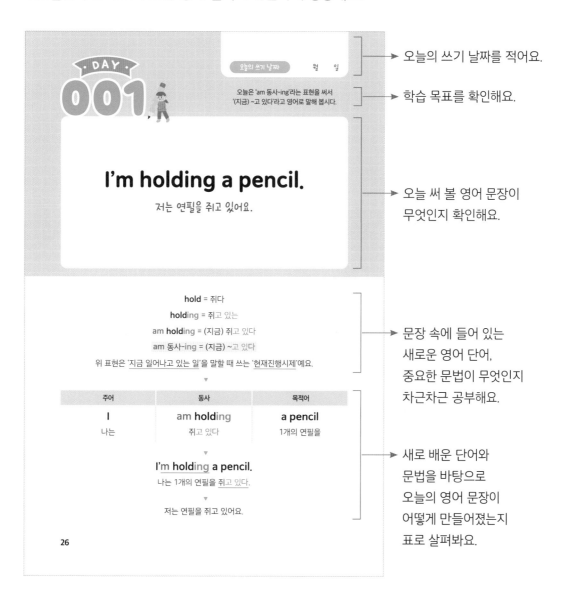

• DAY •

001

| 오늘의 쓰기 날짜 | 월 | 일 |

오늘은 'am 동사-ing'라는 표현을 써서 '(지금) ~고 있다'라고 영어로 말해 봅시다.

▶ 오늘의 쓰기 날짜를 적어요.

▶ 학습 목표를 확인해요.

I'm holding a pencil.

저는 연필을 쥐고 있어요.

▶ 오늘 써 볼 영어 문장이 무엇인지 확인해요.

hold = 쥐다
holding = 쥐고 있는
am holding = (지금) 쥐고 있다
am 동사-ing = (지금) ~고 있다
위 표현은 '지금 일어나고 있는 일'을 말할 때 쓰는 '현재진행시제'예요.

▶ 문장 속에 들어 있는 새로운 영어 단어, 중요한 문법이 무엇인지 차근차근 공부해요.

주어	동사	목적어
I	am holding	a pencil
나는	쥐고 있다	1개의 연필을

I'm holding a pencil.
나는 1개의 연필을 쥐고 있다.

저는 연필을 쥐고 있어요.

▶ 새로 배운 단어와 문법을 바탕으로 오늘의 영어 문장이 어떻게 만들어졌는지 표로 살펴봐요.

26

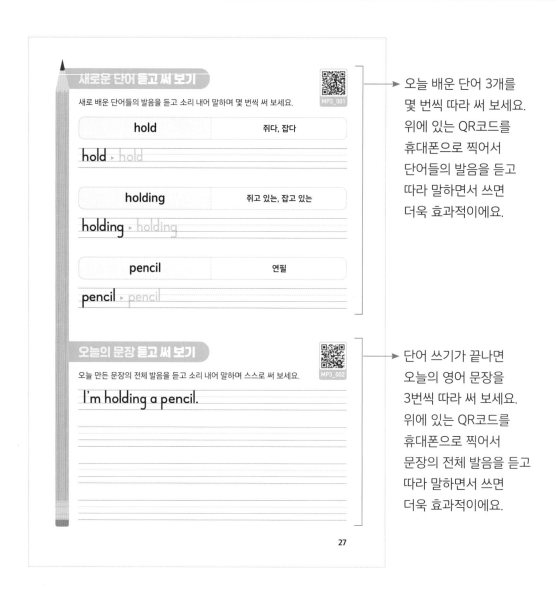

새로운 단어 듣고 써 보기

새로 배운 단어들의 발음을 듣고 소리 내어 말하며 몇 번씩 써 보세요.

hold	쥐다, 잡다

hold ▸ hold

holding	쥐고 있는, 잡고 있는

holding ▸ holding

pencil	연필

pencil ▸ pencil

오늘 배운 단어 3개를
몇 번씩 따라 써 보세요.
위에 있는 QR코드를
휴대폰으로 찍어서
단어들의 발음을 듣고
따라 말하면서 쓰면
더욱 효과적이에요.

오늘의 문장 듣고 써 보기

오늘 만든 문장의 전체 발음을 듣고 소리 내어 말하며 스스로 써 보세요.

I'm holding a pencil.

단어 쓰기가 끝나면
오늘의 영어 문장을
3번씩 따라 써 보세요.
위에 있는 QR코드를
휴대폰으로 찍어서
문장의 전체 발음을 듣고
따라 말하면서 쓰면
더욱 효과적이에요.

27

100일간 영어 문장을 쓰며 익힌 모든 영단어들은 교재의 마지막
'[부록] 영어 단어 INDEX'에 알파벳 순으로 정리해 놓았어요.
쓰기 학습을 다 마친 후 INDEX를 보며 기억이 잘 나지 않는
단어들은 다시 찾아 복습하세요.

4 매일 1장 영어 쓰기를 끝낼 때마다 일일 학습 체크 일지에 '체크(O)' 표시를 해요.

매일의 공부를 끝마친 후 일일 학습 체크 일지에 '오늘 공부 끝!'이라는 체크(O) 표시를 100일 동안 채워 나가면 내 스스로 뿌듯함과 성취감을 느낄 수 있어요.

5 <매일 1장 초등 영어 쓰기> 학습서는 '3단계 레벨'로 구성되어 있어요.

<매일 1장 초등 영어 쓰기 습관 100일의 기적>은 'Basic-Intermediate-Advanced'의 3단계 레벨로 구성되어 있어서 수준별, 단계별 학습이 가능해요. (본 교재는 Intermediate)

Basic 초등 영어 **첫걸음**	파닉스를 뗀 후 초등 영어를 시작하는 단계이며, 기본적인 1/2/3형식 영어 문장을 현재시제로 쓰고 익히며 영어의 뼈대를 세웁니다.
Intermediate 초등 영어 **레벨업**	영어 수준을 초등 4~5학년까지 올리는 단계이며, 4/5형식 영어 문장과 함께 의문사, 조동사, 현재진행시제, 과거시제 등을 익힙니다.
Advanced 초등 영어 **끝내기**	영어 수준을 초등 6학년~중학교 1학년까지 올리는 단계이며, 다양한 영어 시제, 동명사, to부정사, 구동사 등을 익힙니다.

• Contents •
목차

전체 학습 커리큘럼

학부모님께서 본 교재로 아이와 함께 공부하실 때 아래의 커리큘럼 표를 참고하시면 아이가 배울 핵심 내용이 무엇인지 '명확한 방향성'을 잡으실 수 있어요.

Prep.	Step 1	'Be동사(~이다)'와 '일반 동사(~하다)' 구분하여 살펴보기
	Step 2	1형식, 2형식, 3형식 문장 구조 살펴보기
	Step 3	앞으로 100일간 배우게 될 내용들 간단히 살펴보기
Chapter 01	목표	'현재진행시제'로 말하기 (1)
	문장	· I am (not) 동사-ing = 나는 (안) ~하고 있다 · Am I 동사-ing? = 내가 ~하고 있는 거니?
	어휘	다양한 동사(hold, write, sit, …) 및 시간 표현(now, tonight, …)
Chapter 02	목표	'현재진행시제'로 말하기 (2)
	문장	· You/They are (not) 동사-ing = 너는/그들은 (안) ~하고 있다 · He/She is (not) 동사-ing = 그는/그녀는 (안) ~하고 있다 · Are/Is+주어+동사-ing? = ~는 ~하고 있니?
	어휘	다양한 동사(learn, clean, answer, …) 및 '정관사(the)+명사' 표현
Chapter 03	목표	'Be동사를 과거시제'로 말하기
	문장	· 주어+was/were (not)+보어 = ~는 (안) ~였다 · Was/Were+주어+보어? = ~는 ~였니?
	어휘	다양한 형용사(thirsty, prepared, …) 및 전치사(after, before, …)
Chapter 04	목표	'일반 동사를 과거시제'로 말하기 (1)
	문장	주어+과거형 일반 동사 = ~는 ~했다
	어휘	다양한 과거형 동사(opened, ate, went, …) 및 'last+시간' 표현
Chapter 05	목표	'일반 동사를 과거시제'로 말하기 (2)
	문장	· 주어+didn't+일반 동사 = ~는 ~하지 않았다 · Did+주어+일반 동사? = ~는 ~했니?
	어휘	다양한 동사(hear, turn off, …) 및 명사(doorbell, light, …)

	목표	4형식, 5형식 문장으로 말하기
Chapter 06	문장	· [4형식] 주어+일반 동사+간접 목적어+직접 목적어 　　= ~는 ~에게 ~을[를] ~한다 · [5형식] 주어+일반 동사+목적어+목적격 보어 　　= ~는 ~가 ~하게 ~한다
	어휘	4~5형식 동사(give, make, …) 및 목적격 대명사(me, him, …)
	목표	'미래시제'로 말하기
Chapter 07	문장	· 주어+will (not)+동사 = ~는 (안) ~할[일] 것이다 · Will+주어+동사? = ~는 ~할[일] 것이니?
	어휘	4~5형식 동사를 포함한 다양한 동사(apologize, tell, let, lend, …)
	목표	'사물, 동식물이 주어'인 문장으로 말하기
Chapter 08	문장	· 사물/동식물+is/are/was/were (not)+보어 　　= ~는 (안) ~이다/였다 · 사물/동식물+(don't/doesn't/didn't) 일반 동사 　　= ~는 (안) ~한다/했다 · 사물/동식물+will (not)+동사 　　= ~는 (안) ~할[일] 것이다
	어휘	다양한 동사(bark, smell, fall, …) 및 형용사(crowded, empty, …)
	목표	'의문사 의문문' 말하기 (1)
Chapter 09	문장	· Who ~? = 누가 ~하니[이니]? / 누구를 ~가 ~하니? · When ~? = 언제가 ~이니? / 언제 ~가 ~하니? · Where ~? = 어디가 ~이니? / 어디서 ~가 ~하니?
	어휘	다양한 동사(win, invite, finish, …) 및 명사(award, meal, train, …)
	목표	'의문사 의문문' 말하기 (2)
Chapter 10	문장	· What ~? = 무엇이 ~이니? / 무엇을 ~가 ~하니? · How ~? = 어떻게 ~가 ~하니? · Why ~? = 왜 ~가 ~하니[이니]?
	어휘	다양한 동사(happen, solve, act, …) 및 '요일'을 포함한 명사

Diary
일일 학습 체크 일지

매일매일 문장 쓰기를 끝마친 뒤엔 '오늘도 내 영어 실력이 이만큼 늘었네!'라고 스스로 칭찬하면서 아래의 일일 학습 체크 일지에 **'오늘의 쓰기 완료!'**라는 체크(O) 표시를 해 보세요. 이렇게 꾸준히 체크해 나가면 나중에 굉장히 뿌듯한 기분이 들고 엄마 아빠에게 '저 이만큼 열심히 해냈어요'라고 보여 주며 자랑도 할 수 있을 거예요.

Prep.	기본기 다지기	
Step 1	Step 2	Step 3

GREAT JOB!

Chapter 01	내가 '지금' 하고 있는 일 영어로 말하기								
DAY 001	DAY 002	DAY 003	DAY 004	DAY 005	DAY 006	DAY 007	DAY 008	DAY 009	DAY 010

Chapter 02	남들이 '지금' 뭘 하는지 영어로 말하기								
DAY 011	DAY 012	DAY 013	DAY 014	DAY 015	DAY 016	DAY 017	DAY 018	DAY 019	DAY 020

Chapter 03	'~였다, ~아니었다, ~였니?'라고 영어로 말하기								
DAY 021	DAY 022	DAY 023	DAY 024	DAY 025	DAY 026	DAY 027	DAY 028	DAY 029	DAY 030

Chapter 04	'~했다'고 영어로 말하기								
DAY 031	DAY 032	DAY 033	DAY 034	DAY 035	DAY 036	DAY 037	DAY 038	DAY 039	DAY 040

Prep. 학습 시작 전
기본기 다지기

STEP 01

~이다 & ~하다

영어에서 동사는 크게 '~이다'와 '~하다'로 나눠 볼 수 있어요.
Step 1에선 '~이다'와 '~하다'라는 동사를 살펴볼게요.

Be동사 = ~이다 = am, are, is
일반 동사 = ~하다 = like(좋아하다), have(있다), go(가다), …

STEP 02

1·2·3형식 영어 문장

Step 2에선 영어의 문장 형식 중 1~3형식 문장을 살펴볼게요.

1형식   주어   +   일반 동사   =   주어는 ~한다

2형식   주어   +   Be동사   +   보어   =   주어는 ~이다

3형식   주어   +   일반 동사   +   목적어   =   주어는 ~을[를] ~한다

STEP 03

100일간 뭘 배우게 될까?

Step 3에선 100일간 뭘 배우게 될지 가볍게 살펴볼게요.

좀 더 다양한 시제   현재진행시제   과거시제   미래시제

새로운 문장 형식   4형식   5형식

의문사 의문문   who / when / where / what / how / why

기본적인 문법 용어 살펴보기

명사	'명사'란 동식물/사물/사람/개념 등에 붙어 있는 '이름'이에요. dog(개), tree(나무), bag(가방), mom(엄마), love(사랑)
대명사	'대명사'란 명사의 이름을 대신해서 쓸 수 있는 말이에요. mom(엄마) → she(그녀), my brother(내 남동생) → he(그)
동사	'동사'란 '~이다, ~하다'와 같이 상태/행동을 나타내는 말이에요. am/are/is(~이다), eat(먹다), speak(말하다), think(생각하다)
형용사	'형용사'란 (대)명사의 성질/상태를 설명해 주는 말이에요. cute dog(귀여운 강아지), I am tired.(나는 피곤하다.)
부사	'부사'란 형용사나 동사를 강조해 주는 말이에요. so cute(너무 귀여운), I read fast.(나는 빨리 읽는다.)
전치사	전치사란 (대)명사의 위치/상태를 나타내 주는 말이에요. to school(학교로), with you(너와 함께), at seven(7시에)
접속사	접속사란 '2개 이상의 단어/표현/문장을 연결해 주는 말이에요. you and me(너와 나), juice or coffee(주스 또는 커피)

~이다 & ~하다

★ ~이다 = Be동사

Be동사는 '주어는 ~이다'라고 할 때 '이다'에 해당하는 동사예요. 그리고 Be동사는 주어가 무엇인지에 따라 형태가 'am, are, is'로 변한답니다.

am	주어가 I(나는)일 때 씁니다. · I am a student. = 나는 학생이다. · I am happy. = 나는 행복한 (상태)이다.
are	You(너는), We(우리는), They(그들은), 복수 주어에 씁니다. · You are a good friend. = 너는 좋은 친구이다. · We are hungry. = 우리는 배고픈 (상태)이다. · They are classmates. = 그들은 동급생들이다.
is	He(그는), She(그녀는), 단수 주어(I와 You는 제외)에 씁니다. · He is a good person. = 그는 좋은 사람이다. · She is pretty. = 그녀는 예쁜 (외모)이다. · This is my bag. = 이것은 나의 가방이다.

'주어는 ~이[가] 아니다'라고 할 땐?	'주어는 ~인가요?'라고 물을 땐?
Be동사 뒤에 not을 붙여요.	Be동사를 문장 맨 앞으로 옮겨요.
(am not, are not, is not)	(Am I ~?, Are you ~?, Is he ~?)

★ ~하다 = 일반 동사

일반 동사는 '먹다, 자다, 마시다'와 같이 '주어가 (어떤 행동을) ~하다'라고 할 때 '~하다'라고 해석되는 동사예요. 그리고 이러한 일반 동사들은 'He, She, 단수 주어(I와 You는 제외)'와 쓰일 땐 끝에 –s를 붙여야 해요.

like 좋아하다	· I like fruits. = 나는 과일을 좋아한다. · We like animals. = 우리는 동물을 좋아한다. · He likes chocolate. = 그는 초콜릿을 좋아한다.
have (가지고) 있다	· I have a pet. = 나는 애완동물이 있다. · They have a plan. = 그들은 계획이 있다. · She has many friends. = 그녀는 많은 친구들이 있다. (have는 뒤에 –s가 붙는 대신 has라는 형태로 바뀌어요.)
다른 일반 동사들	· I go to school. = 나는 학교에 간다. · We eat lunch together. = 우리는 같이 점심을 먹는다. · He talks fast. = 그는 빠르게 말한다.

'주어는 ~이[가] 아니다'라고 할 땐?	'주어는 ~인가요?'라고 물을 땐?
일반 동사 앞에 don't나 doesn't를 붙여요. · 주어가 I/You/We/They라면 don't · 주어가 He/She라면 doesn't	문장 맨 앞에 Do나 Does를 붙여요. · 주어가 I/You/We/They라면 Do~? · 주어가 He/She라면 Does~?

1·2·3형식 영어 문장

오늘은 영어 문장 형식 중 '1 · 2 · 3형식' 문장을 살펴보기로 해요.

★ 1형식 문장 : 주어는 ~한다

1형식 문장은 '주어+일반 동사 = 주어는 ~한다'라는 구조의 아주 간단한 문장 형식이에요. 바로 아래에 나온 문장 'I(주어)+go(간다) = I go.(나는 간다.)'와 같은 문장이 바로 1형식 문장이라 할 수 있어요.

주어	동사
I 나는	**go** 간다
나는 간다.	

그리고 1형식 문장은 다양한 추가 요소들을 덧붙여 좀 더 길게 말할 수도 있어요. 바로 아래와 같이 '**to**(~에)+**school**(학교) = **to school**(학교에)'와 같은 전치사구나 '**every day**(매일)'와 같은 시간 부사 등을 덧붙여 말할 수 있어요.

주어	동사	전치사구	부사
I 나는	**go** 간다	**to school** 학교에	**every day** 매일
나는 매일 학교에 간다.			

★ 2형식 문장 : 주어는 ~이다

2형식 문장은 '주어+Be동사+보어 = 주어는 ~이다'라는 구조의 문장 형식이며, '보어'란 주어가 무엇이고 어떠한지 보충 설명해 주는 말이에요. (Be동사 외에 다른 동사로 2형식 문장을 만들 수도 있는데, 지금은 Be동사만 보기로 해요.)

주어	Be동사	보어
I	**am**	**excited**
나는	이다	신나는
나는 신난다.		

▼

주어	Be동사	부사	보어	부사
I	**am**	**really**	**excited**	**today**
나는	이다	진짜	신나는	오늘
나는 오늘 진짜 신난다.				

★ 3형식 문장 : 주어는 ~을[를] ~한다

3형식 문장은 '주어+일반 동사+목적어 = 주어는 ~을[를] ~한다'라는 구조의 문장 형식이며, '목적어'란 주어가 어떠한 행동을 가하는 대상을 말해요.

주어	일반 동사	목적어
I	**eat**	**dinner**
나는	먹는다	저녁을
나는 저녁을 먹는다.		

▼

주어	일반 동사	목적어	전치사구	전치사구
I	**eat**	**dinner**	**with my family**	**at home**
나는	먹는다	저녁을	나의 가족과 함께	집에서
나는 나의 가족과 함께 집에서 저녁을 먹는다.				

100일간 뭘 배우게 될까?

★ 좀 더 다양한 시제

지금까진 '나는 학생이다, 그는 동물을 좋아한다'와 같이 '(현재) 주어는 ~이다/한다'라는 '현재시제'만 배웠다면 이 책에서는 '(지금) ~하고 있다, (과거에) ~였다/했다, (미래에) ~일 것이다/할 것이다'와 같은 좀 더 다양한 시제를 배울 거예요. 아래에 나와 있는 내용들은 앞으로 100일간 배우게 될 내용들이니 지금은 그냥 가볍게 훑어보기만 하세요.

현재진행 시제	'(지금) ~하고 있다'라고 해석됩니다. · I am **holding** a pencil. = 나는 연필을 쥐고 있다. · He is **reading** a book. = 그는 책을 읽고 있다.
과거 시제	'(과거에) ~였다, ~했다'라고 해석됩니다. · We **were** friends. = 우리는 친구였다. · They **opened** the window. = 그들은 창문을 열었다.
미래 시제	'(미래에) ~일 것이다, ~할 것이다'라고 해석됩니다. · She **will be** my mate. = 그녀가 내 짝일 것이다. · I **will arrive** at 6. = 나는 6시에 도착할 것이다.

★ 새로운 문장 형식

앞서 봤던 1~3형식 문장 외에 영어엔 4~5형식 문장도 있어요. 4~5형식 문장은 아래와 같은 문장 구조를 갖고 있는데, 이 모든 내용들은 앞으로 배우게 될 내용들이니 지금은 그냥 가볍게 훑어보기만 하세요.

4형식 문장	'주어가 ~에게 ~을[를] ~하다'라고 해석됩니다. · He **gave me a bike**. = 그가 나에게 자전거를 줬다. · I **bought her a gift**. = 나는 그녀에게 선물을 사 줬다.
5형식 문장	'주어가 ~이[가] ~하게[하는 것을] ~하다'라고 해석됩니다. · She **made us laugh**. = 그녀는 우리가 웃게 만들었다. · I **saw him dance**. = 나는 그가 춤추는 것을 봤다.

★ 의문사 의문문

'육하원칙(누가/언제/어디서/무엇을/어떻게/왜) 질문'을 영어로 만들 땐 아래와 같이 '누가(who), 언제(when), 어디서(where), 무엇을(what), 어떻게(how), 왜(why)'와 같은 '의문사'를 맨 앞에 붙여서 만들어요.

누가	who	Who made you cry? = 누가 널 울게 만들었어?
언제	when	When did you arrive? = 너 언제 도착했어?
어디서	where	Where do you live? = 넌 어디서 살아?
무엇을	what	What will you do? = 너는 무엇을 할 거야?
어떻게	how	How did you do that? = 너 어떻게 그걸 했어?
왜	why	Why are you upset? = 너 왜 화났어?

CHAPTER 01 내가 '지금' 뭘 하는지 영어로 말하기

학습 목표 & 주요 내용

- '현재진행시제(am + 동사-ing)' 표현 익히기
- 문장 (3형식) 주어 + 동사 + 목적어 단어 hold, holding, pencil

- '-e'로 끝나는 동사에 '-ing' 붙이기
- 문장 (1형식) 주어 + 동사 + 전치사구 단어 write, at, desk

- '자음 + 모음 + 자음'으로 끝나는 동사에 '-ing' 붙이기
- 문장 (1형식) 주어 + 동사 + 전치사구 단어 sit, on, chair

- 'now(지금)'이라는 시간 표현 쓰기
- 문장 (1형식) 주어 + 동사 + 전치사구 + 부사 단어 now, stand, line

- 'right now(지금 바로 이 순간)'이라는 시간 표현 쓰기
- 문장 (3형식) 주어 + 동사 + 목적어 + 부사 단어 right now, take, picture

- 'am 동사-ing'로 가까운 미래에 대해 말하기
- 문장 (3형식) 주어 + 동사 + 목적어 + 부사 단어 visit, grandparents, today

- 'am not 동사-ing' 표현 익히기
- 문장 (3형식) 주어 + 동사 + 목적어 + 부사 단어 have, snack, tonight

- 'go out, eat out'과 같은 표현을 써서 말하기
- 문장 (1형식) 주어 + 동사 + 부사 단어 go out, eat out, tomorrow

- 'Am I 동사-ing?'를 써서 질문하기 (1)
- 문장 (3형식) be동사 + 주어 + 동사-ing + 목적어? 단어 bother, annoy, interrupt

- 'Am I 동사-ing?'를 써서 질문하기 (2)
- 문장 (2형식) be동사 + 주어 + 동사-ing + 보어? 단어 be, helpful, selfish

오늘의 쓰기 날짜   월   일

오늘은 'am 동사-ing'라는 표현을 써서
'(지금) ~고 있다'라고 영어로 말해 봅시다.

I'm holding a pencil.

저는 연필을 쥐고 있어요.

hold = 쥐다

holding = 쥐고 있는

am holding = (지금) 쥐고 있다

am 동사-ing = (지금) ~고 있다

위 표현은 '지금 일어나고 있는 일'을 말할 때 쓰는 '현재진행시제'예요.

▼

주어	동사	목적어
I 나는	**am holding** 쥐고 있다	**a pencil** 1개의 연필을

▼

I'm holding a pencil.

나는 1개의 연필을 쥐고 있다.

▼

저는 연필을 쥐고 있어요.

26

새로운 단어 듣고 써 보기

MP3_001

새로 배운 단어들의 발음을 듣고 소리 내어 말하며 몇 번씩 써 보세요.

hold	쥐다, 잡다

hold ▸ hold

holding	쥐고 있는, 잡고 있는

holding ▸ holding

pencil	연필

pencil ▸ pencil

오늘의 문장 듣고 써 보기

MP3_002

오늘 만든 문장의 전체 발음을 듣고 소리 내어 말하며 스스로 써 보세요.

I'm holding a pencil.

오늘의 쓰기 날짜   월   일

이번 시간엔 '-e'로 끝나는 단어들에
어떻게 '-ing'를 붙이고 말하는지 배워 봅시다.

I'm writing at my desk.

저는 책상에서 쓰고 있어요.

write (쓰다) → writing (쓰고 있는)

write처럼 e로 끝나는 단어들에 '-ing'를 붙일 땐

e를 없앤 다음 '-ing'를 붙여서 말해야 해요.

그럼 아래의 단어들로 '책상에서 쓰고 있다'고 영어로 말해 볼까요?

at + 장소 = ~에서 / desk = 책상

▼

주어	동사	전치사구
I 나는	**am writing** 쓰고 있다	**at my desk** 나의 책상에서

▼

I'm writing at my desk.

나는 나의 책상에서 쓰고 있다.

▼

저는 책상에서 쓰고 있어요.

28

MP3_003

새로 배운 단어들의 발음을 듣고 소리 내어 말하며 몇 번씩 써 보세요.

write	(글을) 쓰다

write ▸ write

at	~에서

at ▸ at

desk	책상

desk ▸ desk

오늘의 문장 **듣고 써 보기**

MP3_004

오늘 만든 문장의 전체 발음을 듣고 소리 내어 말하며 스스로 써 보세요.

I'm writing at my desk.

이번 시간엔 '자음＋모음＋자음'으로 된 단어들에 어떻게 '-ing'를 붙이고 말하는지 배워 봅시다.

I'm sitting on a chair.

저는 의자에 앉아 있어요.

sit (앉다) → sitting (앉아 있는)

sit처럼 '자음(s)＋모음(i)＋자음(t)'으로 된 단어들에 '-ing'를 붙일 땐
'마지막 자음'을 한 번 더 쓴 다음 '-ing'를 붙여야 해요.
그럼 아래의 단어들로 의자에 앉아 있다고 영어로 말해 볼까요?
on + 장소 = ~위에 / chair = 의자

▼

주어	동사	전치사구
I	**am sitting**	**on a chair**
나는	앉아 있다	1개의 의자 위에

▼

I'm sitting on a chair.
나는 1개의 의자 위에 앉아 있다.

▼

저는 의자에 앉아 있어요.

새로운 단어 듣고 써 보기

MP3_005

새로 배운 단어들의 발음을 듣고 소리 내어 말하며 몇 번씩 써 보세요.

sit	앉다

sit ▸ sit

on	~위에

on ▸ on

chair	의자

chair ▸ chair

오늘의 문장 듣고 써 보기

MP3_006

오늘 만든 문장의 전체 발음을 듣고 소리 내어 말하며 스스로 써 보세요.

I'm sitting on a chair.

이번 시간엔 'am 동사-ing'와 'now'를 써서
'지금 ~하고 있다'고 영어로 말해 봅시다.

I'm standing in line now.

저는 지금 줄 서 있어요.

now = 지금

'am 동사-ing'는 '지금 일어나고 있는 일'을 말할 때 쓰기 때문에
'now(지금)'이라는 시간 표현과 아주 잘 쓰여요.
그럼 아래의 단어들로 <u>지금 줄 서 있다</u>'고 영어로 말해 볼까요?
stand = 서다 / in + 장소 = ~안에 / line = 줄, 선

▼

주어	동사	전치사구	부사
I	am standing	in line	now
나는	서 있다	줄 안에	지금

▼

I'm standing in line now.

지금 나는 줄 안에 서 있다.

▼

저는 지금 줄 서 있어요.

새로운 단어 듣고 써 보기

새로 배운 단어들의 발음을 듣고 소리 내어 말하며 몇 번씩 써 보세요.

now	지금

now ▸ now

stand	서다

stand ▸ stand

line	줄, 선

line ▸ line

오늘의 문장 듣고 써 보기

오늘 만든 문장의 전체 발음을 듣고 소리 내어 말하며 스스로 써 보세요.

I'm standing in line now.

이번 시간엔 'right now'라는 표현을 써서
'지금'이라는 순간을 좀 더 강조해서 말해 봅시다.

I'm taking a picture right now.

저 지금 사진 찍고 있어요.

right now = 지금 (바로 이 순간)

'**right now**'라는 표현은 앞서 배운 '**now**(지금)'보다
'지금 (바로 이 순간)'이라는 느낌으로 '지금'을 한층 더 강조할 때 써요.
그럼 '지금 (바로 이 순간) 사진을 찍고 있다'고 영어로 말해 볼까요?

take = 찍다 / **picture** = 사진

▼

주어	동사	목적어	부사
I	**am taking**	**a picture**	**right now**
나는	찍고 있다	1장의 사진을	지금 (바로 이 순간)

▼

I'm taking a picture right now.

지금 (바로 이 순간) 나는 1장의 사진을 찍고 있다.

▼

저 지금 사진 찍고 있어요.

새로운 단어 듣고 써 보기

새로 배운 단어들의 발음을 듣고 소리 내어 말하며 몇 번씩 써 보세요.

right now	지금 (바로 이 순간)

right now ▸ right now

take	찍다

take ▸ take

picture	사진

picture ▸ picture

오늘의 문장 듣고 써 보기

오늘 만든 문장의 전체 발음을 듣고 소리 내어 말하며 스스로 써 보세요.

I'm taking a picture right now.

오늘의 쓰기 날짜　　월　일

이번 시간엔 'am 동사-ing'로 가까운 미래에
'곧 ~할 거다'라고 영어로 말해 봅시다.

I'm visiting my grandparents today.

저는 오늘 할머니 할아버지한테 갈 거예요.

am 동사-ing = (곧) ~할 거다

'am 동사-ing'는 지금 일어나고 있는 일 외에도

'(아주 가까운 미래에 곧) ~할 거다'라고 말할 때에도 써요.

그럼 아래의 단어들로 오늘 조부모님께 갈 거다'라고 영어로 말해 볼까요?

visit = 방문하다 / grandparents = 조부모님 / today = 오늘

▼

주어	동사	목적어	부사
I	am visiting	my grandparents	today
나는	방문할 거다	나의 조부모님을	오늘

▼

I'm visiting my grandparents today.

오늘 나는 나의 조부모님을 방문할 거다.

▼

저는 오늘 할머니 할아버지한테 갈 거예요.

새로운 단어 듣고 써 보기

MP3_011

새로 배운 단어들의 발음을 듣고 소리 내어 말하며 몇 번씩 써 보세요.

visit	방문하다

visit ▶ visit

grandparents	조부모님 (할머니와 할아버지)

grandparents ▶ grandparents

today	오늘

today ▶ today

오늘의 문장 듣고 써 보기

MP3_012

오늘 만든 문장의 전체 발음을 듣고 소리 내어 말하며 스스로 써 보세요.

I'm visiting my grandparents today.

이번 시간엔 'am not 동사-ing'라는 표현으로
'~고 있지 않다, ~지 않을 거다'라고 말해 봅시다.

I'm not having snacks tonight.

저 오늘 밤엔 간식 안 먹을 거예요.

---

am not 동사-ing

= (지금) ~고 있지 않다 / (곧) ~지 않을 거다

'**am** 동사**-ing**'에 **not**을 넣어 말하면 위와 같은 뜻의 표현이 돼요.

그럼 아래의 단어들로 '오늘 밤 간식을 안 먹을 거다'라고 말해 보세요.

have + 음식/음료 = ~을 먹다 / **snack** = 간식 / **tonight** = 오늘 밤

▼

주어	동사	목적어	부사
I	**am not having**	**snacks**	**tonight**
나는	먹지 않을 거다	간식들을	오늘 밤

▼

I'm not having snacks tonight.

오늘 밤 나는 간식들을 먹지 않을 거다.

▼

저 오늘 밤엔 간식 안 먹을 거예요.

새로운 단어 듣고 써 보기

새로 배운 단어들의 발음을 듣고 소리 내어 말하며 몇 번씩 써 보세요.

have	(음료, 음식을) 먹다

have ▸ have

snack	간식

snack ▸ snack

tonight	오늘 밤

tonight ▸ tonight

오늘의 문장 듣고 써 보기

오늘 만든 문장의 전체 발음을 듣고 소리 내어 말하며 스스로 써 보세요.

I'm not having snacks tonight.

008

이번 시간엔 'go out, eat out'과 같이
out이 들어간 동사 표현들을 배워 봅시다.

I'm not going out tomorrow.

저 내일 안 나갈 거예요.

out = 밖으로, 밖에서

go out = 밖으로 가다 → 나가다, 외출하다

eat out = 밖에서 먹다 → 외식하다

오늘은 위 표현과 아래의 단어로 '내일 안 나갈 거다'라고 말해 보세요.

tomorrow = 내일

▼

주어	동사	부사
I 나는	am not going out 나가지 않을 거다	tomorrow 내일

▼

I'm not going out tomorrow.

내일 나는 나가지 않을 거다.

▼

저 내일 안 나갈 거예요.

MP3_015

새로 배운 단어들의 발음을 듣고 소리 내어 말하며 몇 번씩 써 보세요.

go out	나가다, 외출하다

go out ▸ go out

eat out	외식하다

eat out ▸ eat out

tomorrow	내일

tomorrow ▸ tomorrow

오늘의 문장 듣고 써 보기

MP3_016

오늘 만든 문장의 전체 발음을 듣고 소리 내어 말하며 스스로 써 보세요.

I'm not going out tomorrow.

009

이번 시간엔 '내가 ~하고 있는 거야?'라고
상대방에게 영어로 질문을 던져 봅시다.

Am I bothering you?

내가 널 귀찮게 하고 있는 거야?

I am 동사-ing = (지금) 나는 ~고 있다

Am I 동사-ing? = (지금) 내가 ~고 있니?

am을 문장 맨 앞에 놓으면 '내가 ~고 있니?'라는 질문이 됩니다.

그럼 아래의 단어들로 <u>내가 널 ~고 있는 거야?</u>'라고 말해 보세요.

bother = 귀찮게 하다 / **annoy** = 짜증나게 하다 / **interrupt** = 방해하다

▼

be동사	주어	동사-ing	목적어
Am	**I**	**bother**ing	**you?**
이니?	내가	귀찮게 하고 있는	너를

▼

<u>Am</u> I <u>bother</u>ing you?

내가 너를 <u>귀찮게 하고 있니?</u>

▼

내가 널 귀찮게 하고 있는 거야?

새로운 단어 듣고 써 보기

새로 배운 단어들의 발음을 듣고 소리 내어 말하며 몇 번씩 써 보세요.

bother	귀찮게 하다

bother ▸ bother

annoy	짜증나게 하다

annoy ▸ annoy

interrupt	방해하다

interrupt ▸ interrupt

오늘의 문장 듣고 써 보기

오늘 만든 문장의 전체 발음을 듣고 소리 내어 말하며 스스로 써 보세요.

Am I bothering you?

43

DAY

010

오늘의 쓰기 날짜   월   일

오늘은 '~이다'라는 뜻의 be동사를
'am 동사-ing'라는 표현에 넣어서 말해 봅시다.

Am I being helpful?

제가 도움이 되고 있나요?

---

am, are, is = ~이다 → 이 셋을 '**be동사**'라 칭함.

이와 같은 '**be동사**'에 '**-ing**'를 붙여 말할 땐

be**ing**과 같은 형태로 써야 해요. 예를 들어 볼까요?

(ex) helpful = 도움되는 / selfish = 이기적인

→ be**ing** helpful/selfish = 도움되는/이기적인 (상태)이고 있는

▼

be동사	주어	동사-ing	보어
Am	**I**	**being**	**helpful?**
이니?	내가	이고 있는	도움되는 (상태)

▼

Am I being helpful?

내가 도움되는 (상태)이고 있니?

▼

제가 도움이 되고 있나요?

새로 배운 단어들의 발음을 듣고 소리 내어 말하며 몇 번씩 써 보세요.

be	~이다 (am, are, is)

be ▸ be

helpful	도움되는

helpful ▸ helpful

selfish	이기적인

selfish ▸ selfish

오늘의 문장 듣고 써 보기

오늘 만든 문장의 전체 발음을 듣고 소리 내어 말하며 스스로 써 보세요.

Am I being helpful?

학습 목표 & 주요 내용

- 'You are 동사-ing'로 말하기
- 문장 (1형식) 주어 + 동사 + 부사   단어 learn, improve, fast

- 'You are not 동사-ing'로 말하기
- 문장 (1형식) 주어 + 동사 + 부사   단어 focus, concentrate, well

- 'Are you 동사-ing'로 말하기 & 정관사 'the' 익히기
- 문장 (1형식) be동사 + 주어 + 동사-ing + 전치사구?   단어 come, party, the party

- 'He is 동사-ing'로 말하기
- 문장 (3형식) 주어 + 동사 + 목적어   단어 clean, house, the house

- 'She is 동사-ing'로 말하기
- 문장 (1형식) 주어 + 동사 + 전치사구   단어 relax, bedroom, living room

- '1명의 사람 이름 is 동사-ing'로 말하기
- 문장 (3형식) 주어 + 동사 + 목적어   단어 answer, message, email

- 'Is ~ 동사-ing?'로 질문하기
- 문장 (3형식) be동사 + 주어 + 동사-ing + 목적어?   단어 join, team, group

- '2명 이상의 사람들 are 동사-ing'로 말하기
- 문장 (3형식) 주어 + 동사 + 목적어   단어 enjoy, trip, vacation

- 'They are not 동사-ing'로 말하기
- 문장 (3형식) 주어 + 동사 + 목적어   단어 follow, rule, direction

- 'Are they 동사-ing?'로 질문하기
- 문장 (3형식) be동사 + 주어 + 동사-ing + 목적어?   단어 attend, class, event

011

이번 시간엔 'You(너)'라는 주어를 써서
'너는 ~고 있다'라고 영어로 말해 봅시다.

You're learning fast.

넌 빨리 배우는구나.

You are 동사-ing

= (지금) 너는 ~고 있다 / (곧) 너는 ~할 거다

오늘은 'You are 동사-ing'와 아래의 단어들로

'너는 빨리 ~하고 있구나'라고 말해 봅시다.

learn = 배우다 / improve = 발전하다 / fast = 빨리

▼

주어	동사	부사
You 너는	**are learning** 배우고 있다	**fast** 빨리

▼

You're learning fast.

너는 빨리 배우고 있다.

▼

너는 빨리 배우는구나.

새로운 단어 듣고 써 보기

새로 배운 단어들의 발음을 듣고 소리 내어 말하며 몇 번씩 써 보세요.

learn	배우다

learn ▸ learn

improve	발전하다

improve ▸ improve

fast	빨리

fast ▸ fast

오늘의 문장 듣고 써 보기

오늘 만든 문장의 전체 발음을 듣고 소리 내어 말하며 스스로 써 보세요.

You're learning fast.

49

오늘의 쓰기 날짜   월   일

이번 시간엔 'You are not 동사-ing'를 써서
'너는 ~고 있지 않다'고 영어로 말해 봅시다.

You're not focusing well.

너 제대로 집중 안 하고 있구나.

You are not 동사-ing

= (지금) 너는 ~고 있지 않다 / (곧) 너는 ~지 않을 거다

오늘은 'You are not 동사-ing'와 아래의 단어들로
'너는 제대로 집중하고 있지 않다'라고 말해 봅시다.

focus, concentrate = 집중하다 / well = 잘, 제대로

▼

주어	동사	부사
You	are not focusing	**well**
너는	집중하고 있지 않다	제대로

▼

You're not focusing well.

너는 제대로 집중하고 있지 않다.

▼

너 제대로 집중 안 하고 있구나.

새로운 단어 듣고 써 보기

새로 배운 단어들의 발음을 듣고 소리 내어 말하며 몇 번씩 써 보세요.

focus	집중하다

focus ▸ focus

concentrate	집중하다

concentrate ▸ concentrate

well	잘, 제대로

well ▸ well

오늘의 문장 듣고 써 보기

MP3_024

오늘 만든 문장의 전체 발음을 듣고 소리 내어 말하며 스스로 써 보세요.

You're not focusing well.

이번 시간엔 'Are you 동사-ing?'라는 표현을 써서
'너 ~고 있니[~할 거니]?'라고 영어로 물어봅시다.

Are you coming to the party?

너 파티에 올 거야?

party = 파티

the party = (콕 집어) 그 파티

영어에선 콕 집어 특정한 것을 가리켜 '그 ~'라고 지칭할 땐

명사 앞에 **the**를 붙여서 말해요. 그럼 오늘은 상대방에게

'너 <u>(콕 집어[내가 말했던]) 그 파티</u>에 올 거야?'라고 물어봅시다.

▼

be동사	주어	동사-ing	전치사구
Are	you	coming	to the party?
이니?	너는	올 거인	(콕 집어) 그 파티에

▼

<u>Are</u> you <u>com</u>ing to the party?

너는 (콕 집어) 그 파티에 올 <u>거니?</u>

▼

너 파티에 올 거야?

새로운 단어 듣고 써 보기

MP3_025

새로 배운 단어들의 발음을 듣고 소리 내어 말하며 몇 번씩 써 보세요.

come	오다

come ▸ come

party	파티

party ▸ party

the party	(콕 집어) 그 파티

the party ▸ the party

오늘의 문장 듣고 써 보기

MP3_026

오늘 만든 문장의 전체 발음을 듣고 소리 내어 말하며 스스로 써 보세요.

Are you coming to the party?

오늘의 쓰기 날짜   월   일

이번 시간엔 'He is 동사-ing'라는 표현을 써서
'그는 ~고 있다'고 영어로 말해 봅시다.

He's cleaning the house.

그는 집 청소 중이야.

He is 동사-ing

= (지금) 그는 ~고 있다 / (곧) 그는 ~할 거다

오늘은 '**He is** 동사-**ing**'와 아래의 단어들로

'그는 (콕 집어[자신이 사는]) 그 집을 청소하고 있다'고 말해 봅시다.

clean = 청소하다 / **house** = 집

▼

주어	동사	목적어
He	**is clean**ing	the **house**
그는	청소하고 있다	(콕 집어) 그 집을

▼

He's cleaning the **house.**

그는 (콕 집어) 그 집을 청소하고 있다.

▼

그는 집 청소 중이야.

새로운 단어 듣고 써 보기

새로 배운 단어들의 발음을 듣고 소리 내어 말하며 몇 번씩 써 보세요.

clean	청소하다

clean ▸ clean

house	집

house ▸ house

the house	(콕 집어) 그 집

the house ▸ the house

오늘의 문장 듣고 써 보기

MP3_028

오늘 만든 문장의 전체 발음을 듣고 소리 내어 말하며 스스로 써 보세요.

He's cleaning the house.

오늘의 쓰기 날짜   월   일

이번 시간엔 'She is 동사-ing'를 써서
'그녀는 ~고 있다'고 영어로 말해 봅시다.

She's relaxing in the bedroom.

그녀는 침실에서 쉬고 있어.

She is 동사-ing

= (지금) 그녀는 ~고 있다 / (곧) 그녀는 ~할 거다

오늘은 'She is 동사-ing'와 아래의 단어들로

'그녀는 (콕 집어[자기 집의]) 그 침실이나 거실에서 쉬고 있다'고 해 보세요.

relax = 쉬다 / bedroom = 침실 / living room = 거실

▼

주어	동사	전치사구
She 그녀는	**is relaxing** 쉬고 있다	**in the bedroom** (콕 집어) 그 침실 안에서

▼

She's relaxing in the bedroom.

그녀는 (콕 집어) 그 침실 안에서 <u>쉬고 있다</u>.

▼

그녀는 침실에서 쉬고 있어.

새로 배운 단어들의 발음을 듣고 소리 내어 말하며 몇 번씩 써 보세요.

| relax | 쉬다, 휴식을 취하다 |

relax ▸ relax

| bedroom | 침실 |

bedroom ▸ bedroom

| living room | 거실 |

living room ▸ living room

오늘의 문장 듣고 써 보기

MP3_030

오늘 만든 문장의 전체 발음을 듣고 소리 내어 말하며 스스로 써 보세요.

She's relaxing in the bedroom.

오늘의 쓰기 날짜   월   일

오늘은 '1명인 사람 이름'을 주어로 써서
'~는 ~고 있다'고 영어로 말해 봅시다.

Kai is not answering the message.

카이는 메시지에 답하지 않고 있어.

1명인 사람 이름이 주어일 땐? → is 사용

오늘은 '1명인 사람 이름'을 주어로 써서, 그 사람이
'(콕 집어[내가 보낸]) 그 메시지나 이메일에 답하지 않고 있다'고
영어로 말해 보세요.

answer = 대답하다 / **message** = 메시지 / **email** = 이메일

▼

주어	동사	목적어
Kai	is not **answer**ing	the **message**
카이는	대답하지 않고 있다	(콕 집어) 그 메시지에

▼

Kai is not **answer**ing the **message**.

카이는 (콕 집어) 그 메시지에 대답하지 않고 있다.

▼

카이는 메시지에 답하지 않고 있어.

MP3_031

새로 배운 단어들의 발음을 듣고 소리 내어 말하며 몇 번씩 써 보세요.

| answer | 대답하다, 응답하다 |

answer ▸ answer

| message | 메시지 |

message ▸ message

| email | 이메일 |

email ▸ email

오늘의 문장 듣고 써 보기

MP3_032

오늘 만든 문장의 전체 발음을 듣고 소리 내어 말하며 스스로 써 보세요.

Kai is not answering the message.

오늘의 쓰기 날짜　　월　　일

오늘은 '1명인 사람 이름'을 주어로 써서
'~가 ~할 거니[하는 거야]?'라고 말해 봅시다.

Is Glen joining the team?

글렌이 팀에 가입하는 거야?

Is + 주어 + 동사-ing? = ~가 ~하는 거니?

오늘은 위 표현에 '1명인 사람 이름'을 주어로 넣어서, 그 사람이
'(콕 집어[우리가 아는]) 그 팀이나 모임에 가입하는 거야?'라고
영어로 질문해 보세요.

join = 가입하다 / **team** = 팀 / **group** = 모임

▼

be동사	주어	동사-ing	목적어
Is	**Glen**	**joining**	**the team?**
이니?	글렌이	가입하는 거인	(콕 집어) 그 팀에

▼

Is Glean joining the team?

글렌이 (콕 집어) 그 팀에 가입하는 거니?

▼

글렌이 팀에 가입하는 거야?

MP3_033

새로 배운 단어들의 발음을 듣고 소리 내어 말하며 몇 번씩 써 보세요.

join	가입하다

join ▸ join

team	팀

team ▸ team

group	모임

group ▸ group

오늘의 문장 듣고 써 보기

MP3_034

오늘 만든 문장의 전체 발음을 듣고 소리 내어 말하며 스스로 써 보세요.

Is Glen joining the team?

오늘은 '2명 이상인 사람들'을 주어로 써서
'~들이 ~고 있다'고 영어로 말해 봅시다.

Kai and Glen are enjoying the trip.

카이와 글렌은 여행을 즐기고 있어.

2명 이상인 사람들이 주어일 땐? → are 사용

오늘은 '2명 이상인 사람들'을 주어로 써서, 그 사람들이

'(콕 집어[그들이 떠난]) 그 여행이나 휴가를 즐기고 있다'고

영어로 말해 보세요.

enjoy = 즐기다 / trip = 여행 / vacation = 휴가

▼

주어	동사	목적어
Kai and Glen	**are enjoying**	**the trip**
카이와 글렌은	즐기고 있다	(콕 집어) 그 여행을

▼

Kai and Glen are enjoying the trip.

카이와 글렌은 (콕 집어) 그 여행을 즐기고 있다.

▼

카이와 글렌은 여행을 즐기고 있어.

MP3_035

새로 배운 단어들의 발음을 듣고 소리 내어 말하며 몇 번씩 써 보세요.

| enjoy | 즐기다 |

enjoy ▸ enjoy

| trip | 여행 |

trip ▸ trip

| vacation | 휴가 |

vacation ▸ vacation

오늘의 문장 듣고 써 보기

MP3_036

오늘 만든 문장의 전체 발음을 듣고 소리 내어 말하며 스스로 써 보세요.

Kai and Glen are enjoying the trip.

오늘은 'They are not 동사-ing'라는 표현으로
'그들은 ~고 있지 않다'고 영어로 말해 봅시다.

They're not following the rules.

그들은 규칙을 안 따르고 있어.

They **are not** 동사-ing

= (지금) 그들은 ~고 있지 않다 / (곧) 그들은 ~지 않을 거다

오늘은 'They are not 동사-ing'와 아래의 단어들로

'그들은 규칙이나 지시를 따르고 있지 않다'라고 말해 봅시다.

follow = 따르다 / **rule** = 규칙 / **direction** = 지시

▼

주어	동사	목적어
They	**are not following**	**the rules**
그들은	따르고 있지 않다	(콕 집어) 그 규칙들을

▼

They're not following the rules.

그들은 (콕 집어) 그 규칙들을 따르고 있지 않다.

▼

그들은 규칙을 안 따르고 있어.

새로운 단어 듣고 써 보기

MP3_037

새로 배운 단어들의 발음을 듣고 소리 내어 말하며 몇 번씩 써 보세요.

follow	따르다

follow ▸ follow

rule	규칙

rule ▸ rule

direction	지시

direction ▸ direction

오늘의 문장 듣고 써 보기

MP3_038

오늘 만든 문장의 전체 발음을 듣고 소리 내어 말하며 스스로 써 보세요.

They're not following the rules.

65

DAY

020

오늘의 쓰기 날짜   월   일

오늘은 'Are they 동사-ing?'라는 표현을 써서
'그들은 ~고 있니?'라고 영어로 말해 봅시다.

Are they attending the class?

그들은 수업에 참석 중이니?

Are they 동사-ing?

= (지금) 그들은 ~고 있니? / (곧) 그들은 ~하는 거니?

오늘은 '**Are they 동사-ing와?**'와 아래의 단어들로

'그들은 수업이나 행사에 참석하고 있니?'라고 말해 봅시다.

attend = 참석하다 / **class** = 수업 / **event** = 행사

▼

be동사	주어	동사-ing	목적어
Are	**they**	**attending**	**the class?**
이니?	그들은	참석하고 있는	(콕 집어) 그 수업에

▼

Are they attending the class?

그들은 (콕 집어) 그 수업에 참석하고 있니?

▼

그들은 수업에 참석 중이니?

66

새로운 단어 듣고 써 보기

MP3_039

새로 배운 단어들의 발음을 듣고 소리 내어 말하며 몇 번씩 써 보세요.

attend	참석하다

attend ▸ attend

class	수업

class ▸ class

event	행사

event ▸ event

오늘의 문장 듣고 써 보기

MP3_040

오늘 만든 문장의 전체 발음을 듣고 소리 내어 말하며 스스로 써 보세요.

Are they attending the class?

학습 목표 & 주요 내용

- '내가 ~였다'고 말하기
- 문장 (2형식) 주어 + be동사 + 보어 + 전치사구 단어 thirsty, after, run

- '그가/그녀가 ~였다'고 말하기
- 문장 (2형식) 주어 + be동사 + 보어 + 전치사구 단어 nervous, before, flight

- '너는 ~였다'고 말하기
- 문장 (2형식) 주어 + be동사 + 보어 단어 excellent, outstanding, player

- '우리는/그들은 ~였다'고 말하기
- 문장 (2형식) 주어 + be동사 + 보어 + 전치사구 단어 since, childhood, kindergarten

- '나는 ~이[가] 아니었다'고 말하기
- 문장 (2형식) 주어 + be동사 + 보어 + 전치사구 단어 interested, math, science

- '그는/그녀는 ~이[가] 아니었다'고 말하기
- 문장 (2형식) 주어 + be동사 + 보어 + 전치사구 단어 prepared, for, exam

- '우리는 ~이[가] 아니었다'고 말하기
- 문장 (2형식) 주어 + be동사 + 보어 + 전치사구 단어 aware, of, situation

- 그들은 ~이[가] 아니었다'고 말하기
- 문장 (2형식) 주어 + be동사 + 보어 + 전치사구 단어 member, choir, gym

- '~였니?'라고 질문하기 (1)
- 문장 (2형식) be동사 + 주어 + 보어 + 전치사구? 단어 winner, race, contest

- '~였니?'라고 질문하기 (2)
- 문장 (2형식) be동사 + 주어 + 보어 + 전치사구? 단어 surprised, by, news

DAY 021

오늘의 쓰기 날짜　　월　　일

이번 시간엔 'I was ~'라는 표현을 써서
'나는 ~였다'고 영어로 말해 보세요.

I was thirty after the run.

나 뛰고 나서 목이 말랐어.

I am ~ = 나는 ~이다

I was ~ = 나는 ~였다

위에서 보았듯이 'am(~이다)'의 과거형은 'was(~였다)'예요.

오늘은 **was**와 아래의 단어들로 '나는 목말랐다'고 말해 보세요.

thirsty = 목마른 / **after** + 명사 = ~후에 / **run** = 달리기

▼

주어	be동사	동사	전치사구
I	**was**	**thirsty**	**after the run**
나는	였다	목마른 (상태)	그 달리기[그렇게 달린] 후에

▼

I was thirsty after the run.

나는 그 달리기[그렇게 달린] 후에 목마른 (상태)였다.

▼

나 뛰고 나서 목이 말랐어.

70

새로운 단어 듣고 써 보기

MP3_041

새로 배운 단어들의 발음을 듣고 소리 내어 말하며 몇 번씩 써 보세요.

thirsty	목마른

thirsty ▸ thirsty

after	~후에

after ▸ after

run	달리다; 달리기

run ▸ run

오늘의 문장 듣고 써 보기

MP3_042

오늘 만든 문장의 전체 발음을 듣고 소리 내어 말하며 스스로 써 보세요.

I was thirsty after the run.

DAY 022

오늘의 쓰기 날짜   월   일

이번 시간엔 'He/She was ~'라는 표현을 써서
'그는/그녀는 ~였다'고 영어로 말해 봅시다.

He was nervous before the flight.

그는 비행 전에 긴장했었어.

He/She is ~ = 그는/그녀는 ~이다

He/She was ~ = 그는/그녀는 ~였다

위에서 보았듯이 'is(~이다)'의 과거형은 'was(~였다)'예요.

오늘은 was와 아래의 단어들로 '그가 긴장했었다'고 말해 보세요.

nervous = 긴장한 / before + 명사 = ~전에 / flight = 비행

▼

주어	be동사	보어	전치사구
He	**was**	**nervous**	**before the flight**
그는	였다	긴장한 (상태)	그 비행(을 하기) 전에

▼

He was **nervous before the flight.**

그는 그 비행(을 하기) 전에 긴장한 (상태)였다.

▼

그는 비행 전에 긴장했었어.

72

MP3_043

새로 배운 단어들의 발음을 듣고 소리 내어 말하며 몇 번씩 써 보세요.

nervous	긴장한

nervous ▸ nervous

before	~전에

before ▸ before

flight	비행

flight ▸ flight

MP3_044

오늘 만든 문장의 전체 발음을 듣고 소리 내어 말하며 스스로 써 보세요.

He was nervous before the flight.

DAY

023

이번 시간엔 'You were ~'이라는 표현을 써서
'너는 ~였다'고 영어로 말해 봅시다.

You were
an excellent player.

당신은 훌륭한 선수였어요.

You are ~ = 너는 ~이다

You were ~ = 너는 ~였다

위에서 보았듯이 'are(~이다)'의 과거형은 'were(~였다)'예요.

오늘은 were와 아래의 단어들로 '너는 ~한 선수였다'고 말해 보세요.

excellent = 훌륭한 / **outstanding** = 뛰어난 / **player** = 선수

▼

보어	be동사	보어
You	**were**	**an excellent player**
너는	였다	1명의 훌륭한 선수

▼

You were an excellent player.

너는 1명의 훌륭한 선수였다.

▼

당신은 훌륭한 선수였어요.

새로운 단어 듣고 써 보기

MP3_045

새로 배운 단어들의 발음을 듣고 소리 내어 말하며 몇 번씩 써 보세요.

excellent	훌륭한, 탁월한

excellent ▸ excellent

outstanding	뛰어난

outstanding ▸ outstanding

player	선수

player ▸ player

오늘의 문장 듣고 써 보기

MP3_046

오늘 만든 문장의 전체 발음을 듣고 소리 내어 말하며 스스로 써 보세요.

You were an excellent player.

75

이번 시간엔 'We/They were ~'이라는 표현으로
'우리는/그들은 ~였다'고 영어로 말해 봅시다.

We were friends since childhood.

우린 어릴 적부터 친구였어.

We/They are ~ = 우리는/그들은 ~이다

We/They were ~ = 우리는/그들은 ~였다

앞서도 배웠듯이 'are(~이다)'의 과거형은 'were(~였다)'예요.

오늘은 were와 아래의 단어들로 '우리는 ~이후로 친구였다'고 말해 보세요.

since + 명사 = ~이후로 / **childhood** = 어린 시절 / **kindergarten** = 유치원

▼

주어	be동사	보어	전치사구
We	were	**friends**	**since childhood**
우리는	이었다	친구들	어린 시절 이후로

▼

We were friends since childhood.

우리는 어린 시절 이후로 친구들이었다.

▼

우린 어릴 적부터 친구였어.

MP3_047

새로 배운 단어들의 발음을 듣고 소리 내어 말하며 몇 번씩 써 보세요.

since	~이후로

since ▸ since

childhood	어린 시절

childhood ▸ childhood

kindergarten	유치원

kindergarten ▸ kindergarten

오늘의 문장 듣고 써 보기

MP3_048

오늘 만든 문장의 전체 발음을 듣고 소리 내어 말하며 스스로 써 보세요.

We were friends since childhood.

이번 시간엔 'I was not ~'이란 표현을 써서
'나는 ~이[가] 아니었다'고 영어로 말해 봅시다.

I was not interested in math.

나는 수학에 관심 없었어.

I was not ~ = 나는 ~이[가] 아니었다

오늘은 'I was not ~'이란 표현과 아래의 단어들로
'나는 ~에 관심 없었다'고 영어로 말해 보세요.

interested = 관심을 둔, 관심 있는

math = 수학 / science = 과학

▼

주어	be동사	보어	전치사구
I	was not	interested	in math
나는	가 아니었다	관심을 둔 (상태)	수학 안에

▼

I was not interested in math.

나는 수학 안에 관심을 둔 (상태)가 아니었다.

▼

나는 수학에 관심 없었어.

새로운 단어 듣고 써 보기

새로 배운 단어들의 발음을 듣고 소리 내어 말하며 몇 번씩 써 보세요.

interested	관심을 둔, 관심 있는

interested ▸ interested

math	수학

math ▸ math

science	과학

science ▸ science

오늘의 문장 듣고 써 보기

오늘 만든 문장의 전체 발음을 듣고 소리 내어 말하며 스스로 써 보세요.

I was not interested in math.

이번 시간엔 'He/She was not ~'이란 표현으로
'그는/그녀는 ~이[가] 아니었다'고 말해 봅시다.

She wasn't prepared for the exam.

그녀는 시험 준비가 안 돼 있었어.

He/She was not ~ = 그는/그녀는 ~이[가] 아니었다

오늘은 'He/She was not ~'이란 표현과 아래의 단어들로

'그녀는 ~을 위해 준비돼 있지 않았다'고 영어로 말해 보세요.

prepared = 준비된 / **for** + 명사 = ~을 위해

exam = 시험

▼

주어	be동사	보어	전치사구
She 그녀는	was not 가 아니었다	**prepared** 준비된 (상태)	**for the exam** 그 시험을 위해

▼

She wasn't(=was not) **prepared** for the exam.

그녀는 그 시험을 위해 준비된 (상태)가 아니었다.

▼

그녀는 시험 준비가 안 돼 있었어.

새로 배운 단어들의 발음을 듣고 소리 내어 말하며 몇 번씩 써 보세요.

| prepared | 준비된 |

prepared ▸ prepared

| for | ~을 위해 |

for ▸ for

| exam | 시험 |

exam ▸ exam

오늘의 문장 듣고 써 보기

오늘 만든 문장의 전체 발음을 듣고 소리 내어 말하며 스스로 써 보세요.

She wasn't prepared for the exam.

DAY 027

오늘의 쓰기 날짜   월   일

이번 시간엔 'We were not ~'이란 표현으로
'우리는 ~이[가] 아니었다'고 영어로 말해 봅시다.

We were not aware of the situation.

우리는 그 상황에 대해 알지 못했어.

We were not ~ = 우리는 ~이[가] 아니었다

오늘은 'We were not ~'이란 표현과 아래의 단어들로
'우리는 ~에 대해 알지 못했다'고 영어로 말해 보세요.

aware = 아는, 눈치챈 / of + 명사 = ~의; ~에 대해

situation = 상황

▼

주어	be동사	보어	전치사구
We 우리는	were not 가 아니었다	**aware** 아는 (상태)	**of the situation** 그 상황에 대해

▼

We were not aware of the situation.

우리는 그 상황에 대해 아는 (상태)가 아니었다.

▼

우리는 그 상황에 대해 알지 못했어.

새로운 단어 듣고 써 보기

MP3_053

새로 배운 단어들의 발음을 듣고 소리 내어 말하며 몇 번씩 써 보세요.

aware	아는, 눈치챈

aware ▶ aware

of	~의; ~에 대해

of ▶ of

situation	상황

situation ▶ situation

오늘의 문장 듣고 써 보기

MP3_054

오늘 만든 문장의 전체 발음을 듣고 소리 내어 말하며 스스로 써 보세요.

We were not aware of the situation.

오늘의 쓰기 날짜   월   일

이번 시간엔 'They were not ~'이란 표현을 써서
'그들은 ~이[가] 아니었다'고 영어로 말해 봅시다.

They weren't members of the choir.

그들은 합창단 회원이 아니었어.

They were not ~ = 그들은 ~이[가] 아니었다

오늘은 'They were not ~'이란 표현과 아래의 단어들로

'그들은 ~의 회원이 아니었다'고 영어로 말해 보세요.

member = 회원, 멤버

choir = 합창단 / gym = 체육관

▼

주어	be동사	보어	전치사구
They	were not	**members**	**of the choir**
그들은	이 아니었다	회원들	그 합창단의

▼

They were not(=weren't) **members of the club.**

그들은 그 합창단의 회원들이 아니었다.

▼

그들은 합창단 회원이 아니었어.

84

새로운 단어 듣고 써 보기

새로 배운 단어들의 발음을 듣고 소리 내어 말하며 몇 번씩 써 보세요.

| member | 회원, 멤버 |

member ▸ member

| choir | 합창단 |

choir ▸ choir

| gym | 체육관 |

gym ▸ gym

오늘의 문장 듣고 써 보기

오늘 만든 문장의 전체 발음을 듣고 소리 내어 말하며 스스로 써 보세요.

They weren't members of the choir.

· DAY ·

029

이번 시간엔 'Was 주어 ~?'라는 표현을 써서
'내가/그가/그녀가 ~였니?'라고 말해 봅시다.

Was he the winner of the race?

그가 경주의 우승자였나요?

Was I/he/she ~? = 내가/그가/그녀가 ~였니?

'I/He/She was ~'라는 문장에서 **was**를 문장 맨 앞으로 옮기면

'내가/그가/그녀가 ~였니?'라는 질문이 돼요.

그럼 아래의 단어들로 '그가 ~의 우승자였니?'라고 질문해 보세요.

winner = 우승자 / **race** = 경주 / **contest** = 대회

▼

be동사	주어	보어	전치사구
Was	he	the winner	of the race?
였니?	그가	그 우승자	그 경주의

▼

Was he the winner of the race?

그가 그 경주의 그 우승자였니?

▼

그가 경주의 우승자였나요?

MP3_057

새로 배운 단어들의 발음을 듣고 소리 내어 말하며 몇 번씩 써 보세요.

winner	우승자

winner ▸ winner

race	경주

race ▸ race

contest	대회

contest ▸ contest

오늘의 문장 듣고 써 보기

MP3_058

오늘 만든 문장의 전체 발음을 듣고 소리 내어 말하며 스스로 써 보세요.

Was he the winner of the race?

DAY 030

오늘의 쓰기 날짜   월   일

이번 시간엔 'Were 주어 ~?'라는 표현을 써서
'너는/우리가/그들이 ~였니?'라고 말해 봅시다.

Were you surprised by the news?

너 그 소식에 놀랐었니?

Were you/we/they ~? = 너는/우리가/그들이 ~였니?

'You/We/They were ~'라는 문장에서 **were**를 문장 맨 앞으로 옮기면

'너는/우리가/그들이 ~였니?'라는 질문이 돼요.

그럼 아래의 단어들로 '너는 ~에 놀랐었니?'라고 질문해 보세요.

surprised = 놀란 / **by** + 명사 = ~(으)로 인해 / news = 소식

▼

be동사	주어	보어	전치사구
Were	you	surprised	by the news?
였니?	너는	놀란 (상태)	그 소식으로 인해

▼

Were you surprised by the news?

너는 그 소식으로 인해 놀란 (상태)였니?

▼

너 그 소식에 놀랐었니?

MP3_059

새로 배운 단어들의 발음을 듣고 소리 내어 말하며 몇 번씩 써 보세요.

surprised	놀란

surprised ▸ surprised

by	~(으)로 인해

by ▸ by

news	소식

news ▸ news

오늘의 문장 듣고 써 보기

MP3_060

오늘 만든 문장의 전체 발음을 듣고 소리 내어 말하며 스스로 써 보세요.

Were you surprised by the news?

89

학습 목표 & 주요 내용

- '-ed'로 끝나는 과거형 동사로 말하기 (1)
- 문장 (3형식) 주어 + 동사 + 목적어　단어 open (opened), window, door

- '-ed'로 끝나는 과거형 동사로 말하기 (2)
- 문장 (3형식) 주어 + 동사 + 목적어　단어 close (closed), eye, mouth

- '-ed'로 끝나는 과거형 동사로 말하기 (3)
- 문장 (3형식) 주어 + 동사 + 목적어　단어 reply (replied), invitation, question

- '-ed'로 끝나는 과거형 동사로 말하기 (4)
- 문장 (3형식) 주어 + 동사 + 목적어 + 부사　단어 drop (dropped), wallet, somewhere

- 과거를 나타내는 시간 표현을 써서 말하기
- 문장 (1형식) 주어 + 동사 + 전치사구 + 부사　단어 move (moved), last, month

- 불규칙 변화하는 과거형 동사로 말하기 (1)
- 문장 (1형식) 주어 + 동사 + 부사 + 부사　단어 eat (ate), a lot, yesterday

- 불규칙 변화하는 과거형 동사로 말하기 (2)
- 문장 (1형식) 주어 + 동사 + 부사 + 부사　단어 sleep (slept), night, last night

- 불규칙 변화하는 과거형 동사로 말하기 (3)
- 문장 (1형식) 주어 + 동사 + 전치사구 + 부사　단어 go (went), Friday, last Friday

- 불규칙 변화하는 과거형 동사로 말하기 (4)
- 문장 (1형식) 주어 + 동사 + 전치사구 + 부사　단어 walk, morning, this morning

- 불규칙 변화하는 과거형 동사로 말하기 (5)
- 문장 (3형식) 주어 + 동사 + 목적어 + 부사　단어 read (read), evening, this evening

이번 시간엔 '~ed'로 끝나는 과거형 동사로
'(과거에) ~했다'고 영어로 말해 봅시다.

I opened the window.

제가 창문을 열었어요.

open = 열다

open**ed** = 열었다

영어에서 '~했다'는 뜻의 과거형 동사는 끝에 '**-ed**'를 붙이는 경우가 많아요.

그럼 **opened**와 아래의 단어들로 '(과거에) ~을 열었다'고 말해 볼까요?

window = 창문 / **door** = 문

▼

주어	동사	목적어
I 나는	**opened** 열었다	**the window** 그 창문을

▼

I opened the window.

나는 그 창문을 열었다.

▼

제가 창문을 열었어요.

새로운 단어 듣고 써 보기

MP3_061

새로 배운 단어들의 발음을 듣고 소리 내어 말하며 몇 번씩 써 보세요.

open (opened)	열다 (열었다)

open ▸ open

window	창문

window ▸ window

door	문

door ▸ door

오늘의 문장 듣고 써 보기

MP3_062

오늘 만든 문장의 전체 발음을 듣고 소리 내어 말하며 스스로 써 보세요.

I opened the window.

오늘의 쓰기 날짜　　　월　　일

이번 시간엔 '-e'로 끝나는 동사들의 과거형은
어떠한 형태가 되는지 배우고 말해 봅시다.

I closed my eyes.

저는 눈을 감았어요.

close = 닫다

closed = 닫았다

위와 같이 '-e'로 끝나는 동사들의 과거형은 '-d'만 붙여요.

그럼 closed와 아래의 단어들로 '(과거에) ~을 닫았다'고 말해 볼까요?

eye = 눈 / mouth = 입

▼

주어	동사	목적어
I	closed	my eyes
나는	닫았다	나의 눈들을[눈 2개를]

▼

I closed my eyes.

나는 나의 눈들을[눈 2개를] 닫았다.

▼

저는 눈을 감았어요.

새로운 단어 듣고 써 보기

새로 배운 단어들의 발음을 듣고 소리 내어 말하며 몇 번씩 써 보세요.

close (closed)	닫다 (닫았다)

close ▸ close

eye	눈

eye ▸ eye

mouth	입

mouth ▸ mouth

오늘의 문장 듣고 써 보기

오늘 만든 문장의 전체 발음을 듣고 소리 내어 말하며 스스로 써 보세요.

I closed my eyes.

이번 시간엔 '자음＋y'로 끝나는 동사들의
과거형을 만드는 방법을 배우고 말해 봅시다.

I replied to the invitation.

저는 초대에 응했어요.

reply = 응답하다

replied = 응답했다

위와 같이 '자음＋y'로 끝나는 동사들은 y를 i로 바꾸고 -ed를 붙여요.

그럼 replied와 아래의 단어들로 '(과거에) ~에 응답했다'고 말해 보세요.

invitation = 초대 / question = 질문

▼

주어	동사	전치사구
I	replied	to the invitation
나는	응답했다	그 초대에

▼

I replied to the invitation.

나는 그 초대에 응답했다.

▼

저는 초대에 응했어요.

MP3_065

새로 배운 단어들의 발음을 듣고 소리 내어 말하며 몇 번씩 써 보세요.

reply (replied)	응답하다 (응답했다)

reply ▸ reply

invitation	초대

invitation ▸ invitation

question	질문

question ▸ question

오늘의 문장 듣고 써 보기

MP3_066

오늘 만든 문장의 전체 발음을 듣고 소리 내어 말하며 스스로 써 보세요.

I replied to the invitation.

이번 시간엔 마지막 글자를 한 번 더 적고
'-ed'를 붙이는 과거형 동사를 배워 봅시다.

I dropped my wallet somewhere.

저 지갑을 어딘가에 떨어뜨렸어요.

drop = 떨어뜨리다

dropped = 떨어뜨렸다

어떤 동사들은 위와 같이 마지막 글자를 한 번 더 적고 '-ed'를 붙이기도 해요.

그럼 dropped와 아래의 단어들로 '지갑을 어딘가에 떨어뜨렸다'고 말해 보세요.

wallet = 지갑 / somewhere = 어딘가에

▼

주어	동사	목적어	부사
I 나는	**dropped** 떨어뜨렸다	**my wallet** 나의 지갑을	**somewhere** 어딘가에

▼

I dropped my wallet somewhere.

나는 어딘가에 나의 지갑을 떨어뜨렸다.

▼

저 지갑을 어딘가에 떨어뜨렸어요.

새로운 단어 듣고 써 보기

새로 배운 단어들의 발음을 듣고 소리 내어 말하며 몇 번씩 써 보세요.

| drop (dropped) | 떨어뜨리다 (떨어뜨렸다) |

drop ▸ drop

| wallet | 지갑 |

wallet ▸ wallet

| somewhere | 어딘가에 |

somewhere ▸ somewhere

오늘의 문장 듣고 써 보기

MP3_068

오늘 만든 문장의 전체 발음을 듣고 소리 내어 말하며 스스로 써 보세요.

I dropped my wallet somewhere.

오늘의 쓰기 날짜   월   일

이번 시간엔 'last + 명사'라는 시간 표현과 함께
과거형 문장을 말하는 연습을 해 봅시다.

He moved to Seoul last month.

그는 지난달 서울로 이사 갔어요.

last + 명사[시점] = 지난 ~

위 표현은 과거형 문장을 말할 때 아주 잘 쓰이는 시간 표현이에요.

그럼 아래의 시간 표현과 동사로 '지난달 이사 갔다'는 말을 해 볼까요?

month = 달 → **last month** = 지난달

move (moved) = 이사 가다 (이사 갔다)

▼

주어	동사	전치사구	부사
I	moved	**to Seoul**	last month
나는	이사 갔다	서울로	지난달

▼

He moved **to Seoul** last month.

그는 지난달 서울로 이사 갔다.

▼

그는 지난달 서울로 이사 갔어요.

새로운 단어 듣고 써 보기

MP3_069

새로 배운 단어들의 발음을 듣고 소리 내어 말하며 몇 번씩 써 보세요.

move (moved)	이사 가다 (이사 갔다)

move ▸ move

last	지난

last ▸ last

month	달, 월

month ▸ month

오늘의 문장 듣고 써 보기

MP3_070

오늘 만든 문장의 전체 발음을 듣고 소리 내어 말하며 스스로 써 보세요.

He moved to Seoul last month.

이번 시간엔 '-ed'로 끝나지 않는
불규칙한 형태의 과거형 동사를 배워 봅시다.

You ate a lot yesterday.

너 어제 많이 먹었어.

eat = 먹다

ate = 먹었다

어떤 동사들은 위와 같이 과거 형태가 '-ed'가 안 붙고 불규칙하게 바뀝니다.

그럼 **ate**와 아래의 단어들로 '어제 많이 먹었다'고 영어로 말해 보세요.

a lot = 많이 / **yesterday** = 어제

▼

주어	동사	부사	부사
You	ate	**a lot**	yesterday
너는	먹었다	많이	어제

▼

You ate **a lot** yesterday.

너는 어제 많이 먹었다.

▼

너 어제 많이 먹었어.

새로운 단어 듣고 써 보기

새로 배운 단어들의 발음을 듣고 소리 내어 말하며 몇 번씩 써 보세요.

eat (ate)	먹다 (먹었다)

eat ▸ eat

a lot	많이

a lot ▸ a lot

yesterday	어제

yesterday ▸ yesterday

오늘의 문장 듣고 써 보기

MP3_072

오늘 만든 문장의 전체 발음을 듣고 소리 내어 말하며 스스로 써 보세요.

You ate a lot yesterday.

· DAY · 037

오늘의 쓰기 날짜   월   일

이번 시간엔 'last night(어젯밤)'이라는
표현과 함께 과거형 문장을 말해 봅시다.

We slept early last night.

우린 어젯밤 일찍 잤어요.

---

last night = 지난밤 → 어젯밤

'지난밤'이라는 것은 결국 '어젯밤'을 뜻합니다.

그럼 아래의 시간 표현과 동사로 '어젯밤 일찍 잤다'는 말을 해 볼까요?

early = 일찍

sleep = 자다 → **slept** = 잤다 (불규칙한 과거형)

▼

주어	동사	부사	부사
We	slept	**early**	last night
우리는	잤다	일찍	어젯밤

▼

We slept **early** last night.

우리는 어젯밤 일찍 잤다.

▼

우린 어젯밤 일찍 잤어요.

새로운 단어 듣고 써 보기

MP3_073

새로 배운 단어들의 발음을 듣고 소리 내어 말하며 몇 번씩 써 보세요.

sleep (slept)	자다 (잤다)

sleep ▸ sleep

night	밤

night ▸ night

last night	어젯밤

last night ▸ last night

오늘의 문장 듣고 써 보기

MP3_074

오늘 만든 문장의 전체 발음을 듣고 소리 내어 말하며 스스로 써 보세요.

We slept early last night.

오늘의 쓰기 날짜   월   일

이번 시간엔 'last + 요일'이라는 표현을 써서
'지난주 ~요일에 ~했다'고 말해 봅시다.

She went to the party last Friday.

그녀는 지난주 금요일 파티에 갔어요.

---

last + 요일 = 지난 ~요일 → 지난주 ~요일

'지난 ~요일'이라는 것은 결국 '지난주 ~요일'을 뜻합니다.

그럼 아래의 시간 표현과 동사로

'지난주 ~요일에 파티에 갔다'라는 말을 해 볼까요?

Friday = 금요일 / go = 가다 → went = 갔다 (불규칙한 과거형)

▼

주어	동사	전치사구	부사
She	went	**to the party**	last Friday
그녀는	갔다	그 파티에	지난주 금요일

▼

She went **to the party** last Friday.

그녀는 지난주 금요일 그 파티에 갔다.

▼

그녀는 지난주 금요일 파티에 갔어요.

새로운 단어 듣고 써 보기

MP3_075

새로 배운 단어들의 발음을 듣고 소리 내어 말하며 몇 번씩 써 보세요.

go (went)	가다 (갔다)

go ▸ go

Friday	금요일

Friday ▸ Friday

last Friday	지난주 금요일

last Friday ▸ last Friday

오늘의 문장 듣고 써 보기

MP3_076

오늘 만든 문장의 전체 발음을 듣고 소리 내어 말하며 스스로 써 보세요.

She went to the party last Friday.

오늘의 쓰기 날짜 　　월　　일

이번 시간엔 'this morning'이란 표현으로
'오늘 아침에 ~했다'고 영어로 말해 봅시다.

They went for a walk this morning.

그들은 오늘 아침에 산책하러 갔어요.

this + 아침/점심/저녁 = 오늘 아침/점심/저녁

morning = 아침 → this morning = 오늘 아침

위 시간 표현과 아래에 주어진 단어로

'오늘 아침에 산책하러 갔다'라는 말을 영어로 해 볼까요?

walk = 산책; 걷다 / for + 명사 = ~을 위해

▼

주어	동사	전치사구	부사
They 그들은	went 갔다	**for a walk** 한 번의 산책을 (하기) 위해	this morning 오늘 아침

▼

They went **for a walk** this morning.

그들은 오늘 아침 한 번의 산책을 (하기) 위해 갔다.

▼

그들은 오늘 아침에 산책하러 갔어요.

새로운 단어 듣고 써 보기

새로 배운 단어들의 발음을 듣고 소리 내어 말하며 몇 번씩 써 보세요.

| walk | 산책; 걷다 |

walk ▸ walk

| morning | 아침 |

morning ▸ morning

| this morning | 오늘 아침 |

this morning ▸ this morning

오늘의 문장 듣고 써 보기

MP3_078

오늘 만든 문장의 전체 발음을 듣고 소리 내어 말하며 스스로 써 보세요.

They went for a walk this morning.

040

오늘은 과거형과 현재형의 형태가 동일한
동사를 활용해 영어로 말해 봅시다.

I read a book this evening.

나 오늘 저녁에 책 읽었어.

read = 읽다

read = 읽었다

어떤 동사들은 위와 같이 과거형이 현재형과 동일한 경우도 있습니다.

그럼 **read**와 아래의 단어들로 '오늘 저녁에 책을 읽었다'고 말해 보세요.

book = 책 / **evening** = 저녁

▼

주어	동사	목적어	부사
I	**read**	**a book**	**this evening**
나는	읽었다	1개의 책을	오늘 저녁

▼

I read a book this evening.

나는 오늘 저녁 1개의 책을 읽었다.

▼

나 오늘 저녁에 책 읽었어.

MP3_079

새로 배운 단어들의 발음을 듣고 소리 내어 말하며 몇 번씩 써 보세요.

read (read)	읽다 (읽었다)

read ▸ read

evening	저녁

evening ▸ evening

this evening	오늘 저녁

this evening ▸ this evening

오늘의 문장 듣고 써 보기

MP3_080

오늘 만든 문장의 전체 발음을 듣고 소리 내어 말하며 스스로 써 보세요.

I read a book this evening.

CHAPTER 05

'~하지 않았다, ~했니?'라고 영어로 말하기

학습 목표 & 주요 내용

- 'did not 동사'로 '~하지 않았다'고 말하기
- 문장 (3형식) 주어 + 동사 + 목적어　단어 hear, doorbell, alarm

- 'did not 동사'를 'didn't 동사'로 줄여 말하기
- 문장 (3형식) 주어 + 동사 + 목적어　단어 forget, birthday, phone number

- 'You didn't 동사'라는 표현으로 말하기
- 문장 (3형식) 주어 + 동사 + 목적어　단어 believe, story, promise

- 'He/She didn't 동사'라는 표현으로 말하기
- 문장 (3형식) 주어 + 동사 + 목적어　단어 receive, call, response

- 'We didn't 동사'라는 표현으로 말하기
- 문장 (1형식) 주어 + 동사 + 전치사구　단어 listen, advice, warning

- 'They didn't 동사'라는 표현으로 말하기
- 문장 (1형식) 주어 + 동사 + 전치사구　단어 arrive, wake up, on time

- 'Did you 동사?'라는 표현으로 질문하기
- 문장 (3형식) 조동사(Did) + 주어 + 동사 + 목적어?　단어 check, schedule, date

---

- 'Did he/she 동사?'라는 표현으로 질문하기
- 문장 (3형식) 조동사(Did) + 주어 + 동사 + 목적어?　단어 remember, name, address

---

- 'Did we/they 동사?'라는 표현으로 질문하기
- 문장 (3형식) 조동사(Did) + 주어 + 동사 + 목적어?　단어 turn off, light, switch

---

- 'Did I 동사?'라는 표현으로 질문하기
- 문장 (3형식) 조동사(Did) + 주어 + 동사 + 목적어?　단어 something, wrong, stupid

DAY 041

오늘의 쓰기 날짜   월   일

이번 시간엔 'did not 동사'라는 표현을 써서
'(과거에) ~지 않았다'고 영어로 말해 봅시다.

I did not hear
the doorbell.

저 초인종 소리 못 들었어요.

hear = 듣다

did not hear = (과거에) 듣지 않았다

오늘은 '**did not 동사**'라는 표현과 아래의 단어들로
'(과거에) ~을 듣지 않았다'라고 영어로 말해 보세요.

doorbell = 초인종 / **alarm** = 알람

▼

주어	동사	목적어
I 나는	did not hear 듣지 않았다	the doorbell 그 초인종을

▼

I did not hear the doorbell.

나는 그 초인종을 듣지 않았다.

▼

저 초인종 소리 못 들었어요.

114

새로운 단어 듣고 써 보기

새로 배운 단어들의 발음을 듣고 소리 내어 말하며 몇 번씩 써 보세요.

hear	듣다

hear ▸ hear

doorbell	초인종

doorbell ▸ doorbell

alarm	알람

alarm ▸ alarm

오늘의 문장 듣고 써 보기

오늘 만든 문장의 전체 발음을 듣고 소리 내어 말하며 스스로 써 보세요.

I did not hear the doorbell.

오늘의 쓰기 날짜   월   일

이번 시간엔 'did not 동사'를 'didn't 동사'로 줄여서 좀 더 빠르고 간단하게 영어로 말해 봅시다.

I didn't forget your birthday.

나 네 생일 안 까먹었어.

did not 동사 = didn't 동사

'did not'은 위와 같이 **didn't**라고 줄여 말할 수 있어요.

그럼 '**didn't** 동사'라는 표현과 아래의 단어들로

'나는 ~을 까먹지 않았다'고 말해 보세요.

forget = 까먹다 / **birthday** = 생일 / **phone number** = 전화번호

▼

주어	동사	목적어
I	**didn't forget**	**your birthday**
나는	까먹지 않았다	너의 생일을

▼

I didn't **forget** your birthday.

나는 너의 생일을 까먹지 않았다.

▼

나 네 생일 안 까먹었어.

새로운 단어 듣고 써 보기

MP3_083

새로 배운 단어들의 발음을 듣고 소리 내어 말하며 몇 번씩 써 보세요.

forget	까먹다

forget ▸ forget

birthday	생일

birthday ▸ birthday

phone number	전화번호

phone number ▸ phone number

오늘의 문장 듣고 써 보기

MP3_084

오늘 만든 문장의 전체 발음을 듣고 소리 내어 말하며 스스로 써 보세요.

I didn't forget your birthday.

이번 시간엔 'You didn't 동사'라는 표현으로
'너는 ~지 않았다'라고 영어로 말해 봅시다.

You didn't believe my story.

너는 내 이야기를 안 믿었어.

You didn't 동사 = (과거에) 너는 ~지 않았다

오늘은 'You didn't 동사'라는 표현과 아래의 단어들로

'너는 ~을 믿지 않았다'고 영어로 말해 보세요.

believe = 믿다

story = 이야기 / **promise** = 약속

▼

주어	동사	목적어
You	**didn't believe**	**my story**
너는	믿지 않았다	나의 이야기를

▼

You didn't believe my story.

너는 나의 이야기를 믿지 않았다.

▼

너는 내 이야기를 안 믿었어.

새로운 단어 듣고 써 보기

MP3_085

새로 배운 단어들의 발음을 듣고 소리 내어 말하며 몇 번씩 써 보세요.

believe	믿다

believe ▸ believe

story	이야기

story ▸ story

promise	약속

promise ▸ promise

오늘의 문장 듣고 써 보기

MP3_086

오늘 만든 문장의 전체 발음을 듣고 소리 내어 말하며 스스로 써 보세요.

You didn't believe my story.

오늘의 쓰기 날짜　　월　　일

이번 시간엔 'He/She didn't 동사'라는 표현으로
'그는/그녀는 ~지 않았다'라고 영어로 말해 봅시다.

He didn't receive the call.

그는 전화를 못 받았어.

He/She didn't 동사 = (과거에) 그는/그녀는 ~지 않았다

오늘은 'He/She didn't 동사'라는 표현과 아래의 단어들로
'그는/그녀는 ~을 받지 않았다'고 영어로 말해 보세요.

receive = 받다

call = 전화; 전화하다 / response = 답장, 답변

▼

주어	동사	목적어
He	**didn't receive**	**the call**
그는	받지 않았다	그 전화를

▼

He didn't receive the call.

그는 그 전화를 받지 않았다.

▼

그는 전화를 못 받았어.

MP3_087

새로 배운 단어들의 발음을 듣고 소리 내어 말하며 몇 번씩 써 보세요.

receive	받다

receive ▸ receive

call	전화; 전화하다

call ▸ call

response	답장, 답변

response ▸ response

오늘의 문장 듣고 써 보기

MP3_088

오늘 만든 문장의 전체 발음을 듣고 소리 내어 말하며 스스로 써 보세요.

He didn't receive the call.

오늘의 쓰기 날짜　　월　일

이번 시간엔 'We didn't 동사'라는 표현으로
'우리는 ~지 않았다'라고 영어로 말해 봅시다.

We didn't listen to his advice.

우리는 그의 충고에 귀 기울이지 않았어.

We didn't 동사 = (과거에) 우리는 ~지 않았다

오늘은 'We didn't 동사'라는 표현과 아래의 단어들로

'우리는 ~에 귀 기울이지 않았다'고 영어로 말해 보세요.

listen = 귀 기울이다, 듣다 / to + 명사 = ~에, ~로

advice = 충고 / warning = 경고

▼

주어	동사	전치사구
We	**didn't listen**	**to his advice**
우리는	귀 기울이지 않았다	그의 충고에

▼

We didn't listen to his advice.

우리는 그의 충고에 귀 기울이지 않았다.

▼

우리는 그의 충고에 귀 기울이지 않았어.

MP3_089

새로 배운 단어들의 발음을 듣고 소리 내어 말하며 몇 번씩 써 보세요.

listen	귀 기울이다, 듣다

listen ▸ listen

advice	충고

advice ▸ advice

warning	경고

warning ▸ warning

오늘의 문장 듣고 써 보기

MP3_090

오늘 만든 문장의 전체 발음을 듣고 소리 내어 말하며 스스로 써 보세요.

We didn't listen to his advice.

DAY 046

오늘의 쓰기 날짜   월   일

이번 시간엔 'They didn't 동사'라는 표현으로
'그들은 ~지 않았다'고 영어로 말해 봅시다.

They didn't arrive on time.

그들은 제때 도착하지 않았어.

They didn't 동사 = (과거에) 그들은 ~지 않았다

오늘은 'They didn't 동사'라는 표현과 아래의 단어들로

'그들은 제때 ~지 않았다'고 영어로 말해 보세요.

arrive = 도착하다 / **wake up** = 일어나다

on time = 정시에, 제때

▼

주어	동사	전치사구
They	**didn't arrive**	**on time**
그들은	도착하지 않았다	제때

▼

They didn't arrive on time.

그들은 제때 도착하지 않았다.

▼

그들은 제때 도착하지 않았어.

124

새로운 단어 듣고 써 보기

MP3_091

새로 배운 단어들의 발음을 듣고 소리 내어 말하며 몇 번씩 써 보세요.

arrive	도착하다

arrive ▸ arrive

wake up	일어나다

wake up ▸ wake up

on time	정시에, 제때

on time ▸ on time

오늘의 문장 듣고 써 보기

MP3_092

오늘 만든 문장의 전체 발음을 듣고 소리 내어 말하며 스스로 써 보세요.

They didn't arrive on time.

오늘은 'Did you 동사?'라는 표현으로
'너는 ~했니?'라고 영어로 질문해 봅시다.

Did you check the schedule?

너 일정 확인해 봤어?

Did you 동사? = 너는 ~했니?

과거형 질문을 만드는 걸 돕는 '조동사 **did**'를
문장 맨 앞에 놓으면 '~했니?'라고 묻는 질문이 돼요.
그럼 위 표현과 아래의 단어들로 '너는 ~을 확인했니?'라고 물어보세요.

check = 확인하다 / **schedule** = 일정 / **date** = 날짜

▼

조동사	주어	동사	목적어
Did	**you**	**check**	**the schedule?**
했니?	너는	확인하다	그 일정을

▼

Did you check the schedule?

너는 그 일정을 확인했니?

▼

너 일정 확인해 봤어?

새로운 단어 듣고 써 보기

MP3_093

새로 배운 단어들의 발음을 듣고 소리 내어 말하며 몇 번씩 써 보세요.

check	확인하다

check ▸ check

schedule	일정

schedule ▸ schedule

date	날짜

date ▸ date

오늘의 문장 듣고 써 보기

MP3_094

오늘 만든 문장의 전체 발음을 듣고 소리 내어 말하며 스스로 써 보세요.

Did you check the schedule?

오늘의 쓰기 날짜   월   일

이번 시간엔 'Did he/she 동사?'라는 표현으로
'그가/그녀가 ~했니?'라고 영어로 질문해 봅시다.

Did he remember your name?

그가 네 이름을 기억했니?

Did he/she 동사? = 그가/그녀가 ~했니?

위 표현과 아래에 주어진 단어들로

'그가/그녀가 ~을 기억했니?'라고 영어로 질문해 보세요.

remember = 기억하다

name = 이름 / **address** = 주소

▼

조동사	주어	동사	목적어
Did	he	remember	your name?
했니?	그가	기억하다	너의 이름을

▼

Did he remember your name?

그가 너의 이름을 기억했니?

▼

그가 네 이름을 기억했니?

MP3_095

새로 배운 단어들의 발음을 듣고 소리 내어 말하며 몇 번씩 써 보세요.

remember	기억하다

remember ▸ remember

name	이름

name ▸ name

address	주소

address ▸ address

오늘의 문장 듣고 써 보기

MP3_096

오늘 만든 문장의 전체 발음을 듣고 소리 내어 말하며 스스로 써 보세요.

Did he remember your name?

이번 시간엔 'Did we/they 동사?'라는 표현으로
'우리가/그들이 ~했니?'라고 영어로 질문해 봅시다.

Did we turn off the light?

우리가 불을 껐던가?

Did we/they 동사? = 우리가/그들이 ~했니?

위 표현과 아래에 주어진 단어들로

'우리가/그들이 ~을 껐니?'라고 영어로 질문해 보세요.

turn off = (전원을) 끄다

light = 불, 전등 / **switch** = 스위치

▼

조동사	주어	동사	목적어
Did	we	turn off	the light?
했니?	우리가	끄다	그 불을

▼

Did we turn off the light?

우리가 그 불을 껐니?

▼

우리가 불을 껐던가?

MP3_097

새로 배운 단어들의 발음을 듣고 소리 내어 말하며 몇 번씩 써 보세요.

| turn off | (전원을) 끄다 |

turn off ▸ turn off

| light | 불, 전등 |

light ▸ light

| switch | 스위치 |

switch ▸ switch

오늘의 문장 듣고 써 보기

MP3_098

오늘 만든 문장의 전체 발음을 듣고 소리 내어 말하며 스스로 써 보세요.

Did we turn off the light?

131

DAY 050

오늘의 쓰기 날짜　　월　　일

이번 시간엔 'Did I 동사?'라는 표현으로
'내가 ~했니?'라고 영어로 질문해 봅시다.

Did I do something wrong?

제가 뭔가 잘못했나요?

Did I 동사? = 내가 ~했니?

위 표현과 아래에 주어진 단어들로
'내가 ~한 뭔가를 했니?'라고 영어로 질문해 보세요.

do = 하다 / **something** + 형용사 = ~한 뭔가

wrong = 잘못된 / **stupid** = 멍청한

▼

조동사	주어	동사	목적어
Did	**I**	**do**	**something wrong**
했니?	내가	하다	잘못된 뭔가를

▼

Did I do something wrong?

내가 잘못된 뭔가를 했니?

▼

제가 뭔가 잘못했나요?

MP3_099

새로 배운 단어들의 발음을 듣고 소리 내어 말하며 몇 번씩 써 보세요.

something	뭔가, 무엇

something ▸ something

wrong	잘못된

wrong ▸ wrong

stupid	멍청한

stupid ▸ stupid

오늘의 문장 듣고 써 보기

MP3_100

오늘 만든 문장의 전체 발음을 듣고 소리 내어 말하며 스스로 써 보세요.

Did I do something wrong?

'~에게 ~을 ~하다'라고 영어로 말하기

학습 목표 & 주요 내용

- 4형식 문장 & 목적격 대명사 me 익히기 (1)
- 문장 (4형식) 주어 + 동사 + 간목 + 직목   단어 give (gave), me, gift

- 4형식 문장 & 목적격 대명사 me 익히기 (2)
- 문장 (4형식) 주어 + 동사 + 간목 + 직목   단어 warm, hug, smile

- 4형식 문장 & 목적격 대명사 us 익히기
- 문장 (4형식) 주어 + 동사 + 간목 + 직목   단어 us, break, assignment

- 4형식 문장 & 목적격 대명사 him 익히기
- 문장 (4형식) 주어 + 동사 + 간목 + 직목   단어 him, new, watch

- 4형식 문장 & 목적격 대명사 her 익히기
- 문장 (4형식) 주어 + 동사 + 간목 + 직목   단어 buy (bought), her, necklace

- 4형식 문장 & 목적격 대명사 them 익히기
- 문장 (4형식) 주어 + 동사 + 간목 + 직목   단어 them, aunt, bike

- 5형식 문장 학습 & make 동사로 말하기 (1)
- 문장 (5형식) 주어 + 동사 + 목적어 + 목보   단어 make (made), laugh, joke

- 5형식 문장 학습 & make 동사로 말하기 (2)
- 문장 (5형식) 주어 + 동사 + 목적어 + 목보   단어 bathroom, kitchen, study

- 5형식 문장 학습 & see 동사로 말하기 (1)
- 문장 (5형식) 주어 + 동사 + 목적어 + 목보   단어 see (saw), go to, library

- 5형식 문장 학습 & see 동사로 말하기 (2)
- 문장 (5형식) 주어 + 동사 + 목적어 + 목보   단어 walk, down, road

이번 시간엔 '~에게 ~을[를] ~하다'라는 뜻의 4형식 문장 구조를 배우고 말해 보겠습니다.

My friend gave me a gift.

내 친구가 나에게 선물을 줬어.

---

give + 간접 목적어 + 직접 목적어 = ~에게 ~을 주다

위에서 '~에게'라고 해석되는 것은 '간접 목적어',

'~을[를]'이라고 해석되는 것은 '직접 목적어'라고 해요.

위 표현과 아래의 단어로 '친구가 나에게 선물을 줬다'고 말해 보세요.

give (gave) = 주다 (줬다) / me = 나(에게); 나(를) / gift = 선물

▼

주어	동사	간접 목적어	집적 목적어
My friend	**gave**	me	a gift
나의 친구가	줬다	나에게	1개의 선물을

▼

My friend gave me a gift.

나의 친구가 나에게 1개의 선물을 줬다.

▼

내 친구가 나에게 선물을 줬어.

MP3_101

새로 배운 단어들의 발음을 듣고 소리 내어 말하며 몇 번씩 써 보세요.

give (gave)	주다 (줬다)

give ▸ gave

me	나(에게); 나(를)

me ▸ me

gift	선물

gift ▸ gift

오늘의 문장 듣고 써 보기

MP3_102

오늘 만든 문장의 전체 발음을 듣고 소리 내어 말하며 스스로 써 보세요.

My friend gave me a gift.

오늘은 'give'라는 단어를 다시 한 번 활용해
'~가 나를 안아 줬다'고 영어로 말해 봅시다.

Kai gave me a warm hug.

카이가 날 따뜻하게 안아 줬어.

give me 포옹/미소 = ~에게 포옹/미소를 (지어) 주다

'give(주다)'라는 단어로는 물질적인 것뿐만 아니라

'포옹/미소를 (지어) 준다'고 말할 때에도 쓸 수 있어요.

표현들을 활용해 '~가 나에게 따뜻한 포옹/미소를 줬다'고 말해 보세요.

warm = 따뜻한 / hug = 포옹 / smile = 미소

▼

주어	동사	간접 목적어	집적 목적어
Kai	**gave**	**me**	**a warm hug**
카이가	줬다	나에게	1개의 따뜻한 포옹을

▼

Kai gave me a warm hug.

카이가 나에게 1개의 따뜻한 포옹을 줬다.

▼

카이가 날 따뜻하게 안아 줬어.

새로운 단어 듣고 써 보기

MP3_103

새로 배운 단어들의 발음을 듣고 소리 내어 말하며 몇 번씩 써 보세요.

warm	따뜻한

warm ▸ warm

hug	포옹

hug ▸ hug

smile	미소

smile ▸ smile

오늘의 문장 듣고 써 보기

MP3_104

오늘 만든 문장의 전체 발음을 듣고 소리 내어 말하며 스스로 써 보세요.

Kai gave me a warm hug.

DAY 053

오늘의 쓰기 날짜   월   일

이번 시간엔 us라는 단어를 활용하여
'우리에게 ~을[를] 주다'라고 영어로 말해 봅시다.

Our teacher gave us a break.

우리 선생님이 저희에게 쉬는 시간을 줬어요.

---

we = 우리(는) / **our** = 우리의

us = 우리(에게); 우리(를)

us라는 표현과 아래의 단어들로

'우리 선생님이 우리에게 ~을 줬다'고 말해 봅시다.

break = 휴식 / **assignment** = 숙제

▼

주어	동사	간접 목적어	집적 목적어
Our teacher	**gave**	**us**	**a break**
우리의 선생님이	줬다	우리에게	한 번의 휴식을

▼

Our teacher <u>gave</u> us a break.

우리의 선생님이 우리에게 한 번의 휴식을 <u>줬다</u>.

▼

우리 선생님의 저희에게 쉬는 시간을 줬어요.

140

새로운 단어 듣고 써 보기

새로 배운 단어들의 발음을 듣고 소리 내어 말하며 몇 번씩 써 보세요.

us	우리(에게); 우리(를)

us ▸ us

break	휴식

break ▸ break

assignment	숙제

assignment ▸ assignment

오늘의 문장 듣고 써 보기

MP3_106

오늘 만든 문장의 전체 발음을 듣고 소리 내어 말하며 스스로 써 보세요.

Our teacher gave us a break.

이번 시간엔 him이라는 단어를 활용하여
'그에게 ~을[를] 주다'라고 영어로 말해 봅시다.

His dad gave him a new watch.

그의 아빠가 그에게 새 손목시계를 주셨어.

he = 그(는) / **his** = 그의

him = 그(에게); 그(를)

him이라는 표현과 아래의 단어들로

'그의 아빠가 그에게 새로운 손목시계를 줬다'고 말해 봅시다.

new = 새로운 / **watch** = 손목시계

▼

주어	동사	간접 목적어	집적 목적어
His dad	**gave**	him	a new watch
그의 아빠가	줬다	그에게	1개의 새로운 손목시계를

▼

His dad <u>gave</u> him a new watch.

그의 아빠가 그에게 1개의 새로운 손목시계를 <u>줬다</u>.

▼

그의 아빠가 그에게 새 손목시계를 주셨어.

새로운 단어 듣고 써 보기

새로 배운 단어들의 발음을 듣고 소리 내어 말하며 몇 번씩 써 보세요.

him	그(에게); 그(를)

him ▶ him

new	새로운

new ▶ new

watch	손목시계

watch ▶ watch

오늘의 문장 듣고 써 보기

MP3_108

오늘 만든 문장의 전체 발음을 듣고 소리 내어 말하며 스스로 써 보세요.

His dad gave him a new watch.

143

오늘의 쓰기 날짜   월   일

이번엔 her이라는 단어를 활용하여
'그녀에게 ~을 사 주다'라고 영어로 말해 봅시다.

Her mom bought
her a necklace.

그녀의 엄마가 그녀에게 목걸이를 사 주셨어.

---

she = 그녀(는) / her = 그녀의

her = 그녀(에게); 그녀(를)

her라는 표현과 아래의 단어로

'그녀의 엄마가 그녀에게 목걸이를 사 줬다'고 말해 보세요.

buy (bought) = 사 주다 (사 줬다) / necklace = 목걸이

▼

주어	동사	간접 목적어	집적 목적어
Her mom	**bought**	her	a necklace
그녀의 엄마가	사 줬다	그녀에게	1개의 목걸이를

▼

Her mom bought her a necklace.

그녀의 엄마가 그녀에게 1개의 목걸이를 사 줬다.

▼

그녀의 엄마가 그녀에게 목걸이를 사 주셨어.

새로운 단어 듣고 써 보기

새로 배운 단어들의 발음을 듣고 소리 내어 말하며 몇 번씩 써 보세요.

buy (bought)	사 주다 (사 줬다)

buy ▸ buy

her	그녀(에게); 그녀(를)

her ▸ her

necklace	목걸이

necklace ▸ necklace

오늘의 문장 듣고 써 보기

오늘 만든 문장의 전체 발음을 듣고 소리 내어 말하며 스스로 써 보세요.

Her mom bought her a necklace.

오늘의 쓰기 날짜   월   일

이번엔 them이라는 단어를 활용하여
'그들에게 ~을 사 주다'라고 영어로 말해 봅시다.

Their aunt bought them a bike.

그들의 고모가 그들에게 자전거를 사 주셨어.

they = 그들(은) / **their** = 그들의

them = 그들(에게); 그들(을)

them이라는 표현과 아래의 단어로

'그들의 고모가 그들에게 자전거를 사 줬다'고 말해 보세요.

aunt = 고모, 이모 / **bike** = 자전거

▼

주어	동사	간접 목적어	집적 목적어
Their aunt	**bought**	them	a bike
그들의 고모가	사 줬다	그들에게	1개의 자전거를

▼

Their aunt <u>**bought**</u> them a bike.

그들의 고모가 그들에게 1개의 자전거를 <u>사 줬다</u>.

▼

그들의 고모가 그들에게 자전거를 사 주셨어.

새로 배운 단어들의 발음을 듣고 소리 내어 말하며 몇 번씩 써 보세요.

| them | 그들(에게); 그들(을) |

them ▸ them

| aunt | 고모, 이모 |

aunt ▸ aunt

| bike | 자전거 |

bike ▸ bike

오늘의 문장 듣고 써 보기

MP3_112

오늘 만든 문장의 전체 발음을 듣고 소리 내어 말하며 스스로 써 보세요.

Their aunt bought them a bike.

·DAY· 057

오늘의 쓰기 날짜   월   일

이번 시간엔 'make + 목적어 + 목적격 보어'라는
5형식 문장 구조를 배우고 말해 봅시다.

He made me laugh with his joke.

그가 농담으로 날 웃게 만들었어.

---

make + 목적어 + 목적격 보어 = ~이[가] ~하게 만들다

위에서 '목적격 보어'는 목적어의 행동이나 상태를

보충 설명하기 때문에 '목적격 보어'라고 해요.

아래의 단어들로 '그가 나를 농담으로 웃게 만들었다'고 말해 보세요.

make (made) = 만들다 (만들었다) / laugh = 웃다 / joke = 농담

▼

주어	동사	목적어	목적격 보어
He	**made**	me	laugh with his joke
그는	만들었다	내가	그의 농담으로 웃게

▼

He made me laugh with his joke.

그는 내가 그의 농담으로 웃게 만들었다.

▼

그가 농담으로 날 웃게 만들었어.

148

MP3_113

새로 배운 단어들의 발음을 듣고 소리 내어 말하며 몇 번씩 써 보세요.

make (made)	만들다 (만들었다)

make ▸ make

laugh	웃다

laugh ▸ laugh

joke	농담

joke ▸ joke

오늘의 문장 듣고 써 보기

MP3_114

오늘 만든 문장의 전체 발음을 듣고 소리 내어 말하며 스스로 써 보세요.

He made me laugh with his joke.

이번 시간엔 'make + 목적어 + clean'이란 표현으로
'~이[가] 청소하게 만들다'라고 영어로 말해 봅시다.

She made us clean the bathroom.

그녀는 우리가 화장실을 청소하게 했어요.

make + 목적어 + **clean** = ~이[가] 청소하게 **만들다**

오늘은 위 표현과 아래의 단어들을 활용하여
집안 곳곳의 다양한 곳들을 누군가가
'청소하게 만들었다'고 영어로 말해 보세요.

bathroom = 화장실 / **kitchen** = 주방 / **study** = 서재

▼

주어	동사	목적어	목적격 보어
She	**made**	**us**	**clean** the bathroom
그녀는	만들었다	우리가	그 화장실을 청소하게

▼

She made us clean the bathroom.

그녀는 우리가 그 화장실을 청소하게 만들었다.

▼

그녀는 우리가 화장실을 청소하게 했어요.

새로운 단어 듣고 써 보기

MP3_115

새로 배운 단어들의 발음을 듣고 소리 내어 말하며 몇 번씩 써 보세요.

| bathroom | 화장실 |

bathroom ▶ bathroom

| kitchen | 주방 |

kitchen ▶ kitchen

| study | 서재 |

study ▶ study

오늘의 문장 듣고 써 보기

MP3_116

오늘 만든 문장의 전체 발음을 듣고 소리 내어 말하며 스스로 써 보세요.

She made us clean the bathroom.

이번 시간엔 'see + 목적어 + 동사'란 표현으로
'~하는 ~을[를] 보다'라고 영어로 말해 봅시다.

I saw him go to the library.

나 그가 도서관에 가는 걸 봤어.

see + 목적어 + 동사 = ~하는 ~을[를] 보다

위 표현과 아래의 단어들로

'나는 ~하는 그를 봤다'고 영어로 말해 보세요.

see (saw) = 보다 (봤다)

go to + 장소 = ~에 가다 / **library** = 도서관

▼

주어	동사	목적어	목적격 보어
I	**saw**	him	**go to the library**
나는	봤다	그를	그 도서관에 가는

▼

I <u>saw</u> him go **to the library.**

나는 그 도서관에 가는 그를 봤다.

▼

나 그가 도서관에 가는 걸 봤어.

새로운 단어 듣고 써 보기

MP3_117

새로 배운 단어들의 발음을 듣고 소리 내어 말하며 몇 번씩 써 보세요.

see (saw)	보다 (봤다)

see ▸ see

go to	~에 가다

go to ▸ go to

library	도서관

library ▸ library

오늘의 문장 듣고 써 보기

MP3_118

오늘 만든 문장의 전체 발음을 듣고 소리 내어 말하며 스스로 써 보세요.

I saw him go to the library.

DAY 060

이번 시간엔 'see+목적어+동사-ing'로
'~하고 있는 ~을[를] 보다'라고 말해 봅시다.

I saw her walking down the road.

나 그녀가 길 아래로 내려가고 있는 걸 봤어.

---

see + 목적어 + 동사-ing = ~하고 있는 ~을[를] 보다

'동사-ing'를 쓰면 '~하고 있는' 누군가를 봤다고
좀 더 강조하는 표현이 돼요. 위 표현과 아래의 단어들로
'나는 ~하고 있는 그녀를 봤다'고 영어로 말해 보세요.

walk = 걷다 / down + 명사 = ~아래로 / road = 길

▼

주어	동사	목적어	목적격 보어
I	**saw**	her	walking **down the road**
나는	봤다	그녀를	그 길 아래로 걸어가고 있는

▼

I saw her walking down the road.

나는 그 길 아래로 걸어가고 있는 그녀를 봤다.

▼

나 그녀가 길 아래로 내려가고 있는 걸 봤어.

새로운 단어 듣고 써 보기

새로 배운 단어들의 발음을 듣고 소리 내어 말하며 몇 번씩 써 보세요.

walk	걷다

walk ▸ walk

down	~아래로

down ▸ down

road	길

road ▸ road

오늘의 문장 듣고 써 보기

오늘 만든 문장의 전체 발음을 듣고 소리 내어 말하며 스스로 써 보세요.

I saw her walking down the road.

CHAPTER 07

'~할[일] 거야, ~할[일] 거니?'라고 영어로 말하기

학습 목표 & 주요 내용

- 'I will 동사' 표현으로 말하기
  - 문장 (1형식) 주어 + 동사 + 전치사구   단어 apologize, behavior, word

- 'He/She will 동사' 표현으로 말하기
  - 문장 (3형식) 주어 + 동사 + 목적어   단어 ride, hand, solution

- 'We will 동사' 표현으로 말하기
  - 문장 (4형식) 주어 + 동사 + 간목 + 직목   단어 tell, news, result

- 'They will 동사' 표현으로 말하기
  - 문장 (4형식) 주어 + 동사 + 간목 + 직목   단어 truth, later, soon

- 'I will not 동사' 표현으로 말하기
  - 문장 (3형식) 주어 + 동사 + 목적어   단어 miss, opportunity, chance

- 'He/She will not 동사' 표현으로 말하기
  - 문장 (5형식) 주어 + 동사 + 목적어 + 목보   단어 let, disturb, ignore

- 'They will not 동사' 표현으로 말하기
  - 문장 (5형식) 주어 + 동사 + 목적어 + 목보   단어 anyone, leave, here

- 'Will you 동사?' 표현으로 말하기
  - 문장 (4형식) 조동사(Will) + 주어 + 동사 + 간목 + 직목?   단어 lend, some, money

- 'Will you be 형용사?' 표현으로 말하기
  - 문장 (2형식) 조동사(Will) + 주어 + be동사 + 보어 + 부사?   단어 available, free, weekend

- 'Will you be 명사?' 표현으로 말하기
  - 문장 (2형식) 조동사(Will) + 주어 + be동사 + 보어 + 부사?   단어 mate, next, semester

이번 시간엔 'I will + 동사' 표현을 활용하여
'나는 ~할 것이다'라고 영어로 말해 봅시다.

I will apologize
for my behavior.

나 내 행동에 대해 사과할게.

I will + 동사 = (미래에) 나는 ~할 것이다

위 표현과 아래의 단어들을 활용하여

'난 ~에 대해 사과할 것이다'라는 말을 해 보세요.

apologize = 사과하다 / **for** + 명사 = ~을 위해; ~에 대해

behavior = 행동 / **word** = 말

▼

주어	동사	전치사구
I	**will apologize**	**for my behavior**
나는	사과할 것이다	나의 행동에 대해

▼

I will **apologize** for my behavior.

나는 나의 행동에 대해 사과할 것이다.

▼

나 내 행동에 대해 사과할게.

새로 배운 단어들의 발음을 듣고 소리 내어 말하며 몇 번씩 써 보세요.

| apologize | 사과하다 |

apologize ▸ apologize

| behavior | 행동 |

behavior ▸ behavior

| word | 말 |

word ▸ word

오늘의 문장 듣고 써 보기

MP3_122

오늘 만든 문장의 전체 발음을 듣고 소리 내어 말하며 스스로 써 보세요.

I will apologize for my behavior.

· DAY ·
062

오늘의 쓰기 날짜   월   일

이번 시간엔 'He will 동사'라는 표현을 써서
'그는 ~할 것이다'라고 영어로 말해 봅시다.

He will give you a ride.

그가 널 태워 줄 거야.

He will + 동사 = (미래에) 그는 ~할 것이다

오늘은 위 표현과 함께

'give + 사람 + 무엇 = ~에게 ~을[를] 주다'라는 표현을 써서

'(차) 타는 것 / 도움 / 해결책을 줄 것이다'라고 말해 보세요.

ride = (차) 타는 것 / hand = 도움 / solution = 해결책

▼

주어	동사	간접 목적어	직접 목적어
He 그는	**will give** 줄 것이다	**you** 너에게	**a ride** (차) 타는 것을

▼

He will give you a ride.

그는 너에게 (차) 타는 것을 줄 것이다.

▼

그가 널 태워 줄 거야.

160

MP3_123

새로 배운 단어들의 발음을 듣고 소리 내어 말하며 몇 번씩 써 보세요.

| ride | (차) 타는 것 |

ride ▸ ride

| hand | 도움(의 손길) |

hand ▸ hand

| solution | 해결책 |

solution ▸ solution

오늘의 문장 듣고 써 보기

MP3_124

오늘 만든 문장의 전체 발음을 듣고 소리 내어 말하며 스스로 써 보세요.

He will give you a ride.

· DAY ·
063

오늘의 쓰기 날짜   월   일

오늘은 'We will 동사'라는 표현을 써서
'우리는 ~할 것이다'라고 영어로 말해 보세요.

We will tell her the news.

우리는 그녀에게 소식을 전할 거야.

We will + 동사 = (미래에) 우리는 ~할 것이다

오늘은 위 표현과 함께 동사 '**tell**(말하다)'를 활용한

'**tell** + 사람 + 무엇 = ~에게 ~을[를] 말하다'라는 표현을 써서

'그녀에게 소식이나 결과를 말할 거다'라고 얘기해 보세요.

news = 소식 / **result** = 결과

▼

주어	동사	간접 목적어	직접 목적어
We	**will tell**	**her**	**the news**
우리는	말할 것이다	그녀에게	그 소식을

▼

We will tell her the news.

우리는 그녀에게 그 소식을 말할 것이다.

▼

우리는 그녀에게 소식을 전할 거야.

MP3_125

새로 배운 단어들의 발음을 듣고 소리 내어 말하며 몇 번씩 써 보세요.

tell	말하다

tell ▸ tell

news	소식

news ▸ news

result	결과

result ▸ result

오늘의 문장 듣고 써 보기

MP3_126

오늘 만든 문장의 전체 발음을 듣고 소리 내어 말하며 스스로 써 보세요.

We will tell her the news.

이번 시간엔 'They will 동사' 표현을 써서
'그들은 ~할 것이다'라고 영어로 말해 보세요.

They will tell him the truth later.

그들은 나중에 그에게 사실을 말해 줄 거야.

They will + 동사 = (미래에) 그들은 ~할 것이다

오늘은 위 표현과 함께 앞서 배웠던

'**tell** + <u>사람</u> + <u>무엇</u> = ~에게 ~을[를] 말하다'라는 표현을 다시 한 번 써서

'나중에(혹은 '곧') 사실을 말할 거다'라고 해 보세요.

truth = 사실 / **later** = 나중에 / **soon** = 곧

▼

주어	동사	간접 목적어	직접 목적어	부사
They	will tell	**him**	**the truth**	**later**
그들은	말할 것이다	그에게	그 사실을	나중에

▼

They will tell him the truth later.

그들은 나중에 그에게 그 사실을 <u>말할 것이다</u>.

▼

그들은 나중에 그에게 사실을 전할 거야.

새로운 단어 듣고 써 보기

MP3_127

새로 배운 단어들의 발음을 듣고 소리 내어 말하며 몇 번씩 써 보세요.

truth	사실

truth ▸ truth

later	나중에

later ▸ later

soon	곧

soon ▸ soon

오늘의 문장 듣고 써 보기

MP3_128

오늘 만든 문장의 전체 발음을 듣고 소리 내어 말하며 스스로 써 보세요.

They will tell him the truth later.

165

DAY 065

오늘의 쓰기 날짜   월   일

이번 시간엔 'I will not 동사'라는 표현을 써서
'(미래에) 나는 ~지 않을 것이다'라고 말해 봅시다.

I will not miss
the opportunity.

전 기회를 놓치지 않을 거예요.

I will not 동사 = (미래에) 나는 ~지 않을 것이다

위의 표현과 아래의 단어들로

'나는 기회를 놓치지 않을 것이다'라고 말해 보세요.

miss = 놓치다

opportunity, chance = 기회

▼

주어	동사	목적어
I 나는	**will not miss** 놓치지 않을 것이다	**the opportunity** 그 기회를

▼

I will not miss the opportunity.

나는 그 기회를 놓치지 않을 것이다.

▼

전 기회를 놓치지 않을 거예요.

166

새로 배운 단어들의 발음을 듣고 소리 내어 말하며 몇 번씩 써 보세요.

miss	놓치다

miss ▸ miss

opportunity	기회

opportunity ▸ opportunity

chance	기회

chance ▸ chance

오늘의 문장 듣고 써 보기

MP3_130

오늘 만든 문장의 전체 발음을 듣고 소리 내어 말하며 스스로 써 보세요.

I will not miss the opportunity.

오늘의 쓰기 날짜   월   일

이번 시간엔 'She will not 동사'라는 표현을 써서
'그녀는 ~지 않을 것이다'라고 말해 봅시다.

She won't let them disturb her.

그녀는 그들이 자길 방해하게 놔 두지 않을 거야.

She will not + 동사 = (미래에) 그녀는 ~지 않을 것이다

오늘은 위 표현과 함께 동사 'let(허락하다)'를 활용한

'let + 사람 + 동사 = ~이[가] ~하게 허락하다'라는 표현을 써서

'그들이 나를 방해[무시]하게 허락하지 않을 것이다'라고 얘기해 보세요.

disturb = 방해하다 / ignore = 무시하다

▼

주어	동사	목적어	목적격 보어
She	will not **let**	**them**	**disturb her**
그녀는	허락하지 않을 것이다	그들이	그녀를 방해하게

▼

She will not(=won't) **let them disturb her.**

그녀는 그들이 그녀를 방해하게 허락하지 않을 것이다.

▼

그녀는 그들이 자길 방해하게 놔 두지 않을 거야.

MP3_131

새로 배운 단어들의 발음을 듣고 소리 내어 말하며 몇 번씩 써 보세요.

| let | 허락하다, ~하게 하다 |

let ▸ let

| disturb | 방해하다 |

disturb ▸ disturb

| ignore | 무시하다 |

ignore ▸ ignore

MP3_132

오늘 만든 문장의 전체 발음을 듣고 소리 내어 말하며 스스로 써 보세요.

She won't let them disturb her.

오늘의 쓰기 날짜　　월　　일

이번 시간엔 'They will not 동사'라는 표현으로
'그들은 ~지 않을 것이다'라고 영어로 말해 봅시다.

They won't let anyone leave here.

그들은 아무도 여기서 못 나가게 할 거야.

They will not + 동사 = (미래에) 그들은 ~지 않을 것이다

오늘은 위 표현과 함께 앞서 배웠던

'**let** + 사람 + 동사 = ~이[가] ~하게 허락하다'라는 표현을 써서

'누구도 여기서 떠나게 허락하지 않을 것이다'라고 얘기해 보세요.

anyone = 누구도 / **leave** = 떠나다 / **here** = 여기서

▼

주어	동사	목적어	목적격 보어
They	will not **let**	**anyone**	**leave here**
그들은	허락하지 않을 것이다	누구도	여기서 떠나게

▼

They will not(=won't) **let anyone leave here.**

그들은 누구도 여기서 떠나게 허락하지 않을 것이다.

▼

그들은 아무도 여기서 못 나가게 할 거야.

MP3_133

새로 배운 단어들의 발음을 듣고 소리 내어 말하며 몇 번씩 써 보세요.

anyone	누구도

anyone ▸ anyone

leave	떠나다

leave ▸ leave

here	여기서

here ▸ here

오늘의 문장 듣고 써 보기

MP3_134

오늘 만든 문장의 전체 발음을 듣고 소리 내어 말하며 스스로 써 보세요.

They won't let anyone leave here.

DAY 068

오늘의 쓰기 날짜   월   일

이번 시간엔 'Will you 동사?'라는 표현으로
'너는 ~할 거니?'라고 영어로 질문해 봅시다.

Will you lend me some money?

너 나한테 돈 좀 빌려줄 수 있어?

Will you 동사? = (미래에) 너는 ~할 거니?

오늘은 위 표현과 함께 'lend(빌려주다)'를 활용한

'lend + 사람 + 무엇 = ~에게 ~을[를] 빌려주다'라는 표현을 써서

'나한테 돈 좀 빌려줄 수 있어?'라고 질문해 보세요.

some = 약간의 / money = 돈

▼

조동사	주어	동사	간접 목적어	직접 목적어
Will	**you**	**lend**	**me**	**some money?**
거니?	너는	빌려주다	나에게	약간의 돈을

▼

Will you lend me some money?

너는 나에게 약간의 돈을 빌려줄 거니?

▼

너 나한테 돈 좀 빌려줄 수 있어?

172

새로운 단어 듣고 써 보기

새로 배운 단어들의 발음을 듣고 소리 내어 말하며 몇 번씩 써 보세요.

lend	빌려주다

lend ▸ lend

some	약간의

some ▸ some

money	돈

money ▸ money

오늘의 문장 듣고 써 보기

MP3_136

오늘 만든 문장의 전체 발음을 듣고 소리 내어 말하며 스스로 써 보세요.

Will you lend me some money?

173

이번 시간엔 'Will you be 형용사?'라는 표현으로
'너는 ~(상태)일 거니?'라고 영어로 질문해 보세요.

Will you be available this weekend?

너 이번 주말에 시간 되니?

You will be 형용사. = 너는 ~일 것이다

Will you be 형용사? = 너는 ~일 거니?

오늘은 위 표현과 아래의 단어들을 써서

'너 이번 주말에 시간 되니[자유롭니]?'라고 질문해 보세요.

available = 시간 되는 / **free** = 자유로운 / **weekend** = 주말

▼

조동사	주어	be동사	보어	부사
Will	**you**	**be**	**available**	**this weekend?**
거니?	너는	이다	시간이 되는 (상태)	이번 주말에

▼

Will you be available this weekend?

너는 이번 주말에 시간이 되는 (상태)일 거니?

▼

너 이번 주말에 시간 되니?

174

새로운 단어 듣고 써 보기

MP3_137

새로 배운 단어들의 발음을 듣고 소리 내어 말하며 몇 번씩 써 보세요.

available	시간이 되는

available ▸ available

free	자유로운

free ▸ free

weekend	주말

weekend ▸ weekend

오늘의 문장 듣고 써 보기

MP3_138

오늘 만든 문장의 전체 발음을 듣고 소리 내어 말하며 스스로 써 보세요.

Will you be available this weekend?

070

이번 시간엔 'Will you be 명사?'라는 표현으로
'너는 ~(사람)일 거니?'라고 영어로 말해 봅시다.

Will you be my mate next semester?

너 다음 학기에 내 짝이 돼 줄래?

You will be 명사. = 너는 ~일 것이다

Will you be 명사? = 너는 ~일 거니?

오늘은 위 표현과 아래의 단어들을 써서

'너 다음 학기에 내 짝이 돼 줄래?'라고 질문해 보세요.

mate = 짝 / next = 다음(의) / semester = 학기

▼

조동사	주어	be동사	보어	부사
Will	you	be	my mate	next semester?
거니?	너는	이다	나의 짝	다음 학기에

▼

Will you be my mate next semester?

너는 다음 학기에 나의 짝일 거니?

▼

너 다음 학기에 내 짝이 돼 줄래?

MP3_139

새로 배운 단어들의 발음을 듣고 소리 내어 말하며 몇 번씩 써 보세요.

mate	짝

mate ▸ mate

next	다음(의)

next ▸ next

semester	학기

semester ▸ semester

오늘의 문장 듣고 써 보기

MP3_140

오늘 만든 문장의 전체 발음을 듣고 소리 내어 말하며 스스로 써 보세요.

Will you be my mate next semester?

CHAPTER 08

'사물, 동식물이 ~한다[이다]'라고 영어로 말하기

학습 목표 & 주요 내용

- '1개[1마리]인 사물/동식물 is ~'라고 말하기
- 문장 (1형식) 주어 + 동사 + 전치사구 단어 bark, near, fence

- '2개[2마리] 이상인 사물/동식물 are ~'라고 말하기
- 문장 (1형식) 주어 + 동사 + 전치사구 단어 bird, sing, tree

- '1개[1마리]인 사물/동식물 was ~'라고 말하기
- 문장 (2형식) 주어 + be동사 + 보어 + 전치사구 단어 park, crowded, people

- '2개[2마리] 이상인 사물/동식물 were ~'라고 말하기
- 문장 (2형식) 주어 + be동사 + 보어 + 전치사구 단어 street, empty, midnight

- '1개[1마리]인 사물/동식물 + 일반 동사-s'라고 말하기
- 문장 (2형식) 주어 + 동사 + 보어 단어 rose, smell, wonderful

- '2개[2마리] 이상인 사물/동식물 + 일반 동사'라고 말하기
- 문장 (1형식) 주어 + 동사 + 전치사구 단어 leaf (leaves), fall, autumn

- '사물/동식물이 ~했다'고 [과거형]으로 말하기
- 문장 (1형식) 주어 + 동사 + 전치사구 단어 doll, from, shelf

- '사물/동식물이 ~할 거다'라고 [미래형]으로 말하기
- 문장 (1형식) 주어 + 동사 + 전치사구 단어 plane, depart, noon

- '생각/감정'을 주어로 삼아 말하기
- 문장 (2형식) 주어 + 동사 + 보어 단어 idea, sound, interesting

- '신체 부위'를 주어로 삼아 말하기
- 문장 (2형식) 주어 + be동사 + 보어 + 전치사구 단어 throat, sore, cold

DAY 071

오늘의 쓰기 날짜   월   일

이번 시간엔 '1개[1마리]인 사물/동식물'이
무언갈 하고 있다고 영어로 말해 봅시다.

The dog is barking near the fence.

개가 울타리 근처에서 짖고 있어요.

'1개[1마리]인 사물/동식물' 주어 → is 사용.

사람이 아닌 '사물/동식물'을 주어로 써서 말할 경우

이들이 1개[1마리]라면 be동사는 is를 써야 해요.

그럼 아래의 단어들로 '개가 울타리 근처에서 짖고 있다'고 해 보세요.

bark = 짖다 / near + 명사 = ~근처에 / fence = 울타리

▼

주어	동사	전치사구
The dog	is barking	near the fence
개가	짖고 있다	울타리 근처에서

▼

The dog is barking near the fence.

개가 울타리 근처에서 짖고 있다.

▼

개가 울타리 근처에서 짖고 있어요.

180

MP3_141

새로 배운 단어들의 발음을 듣고 소리 내어 말하며 몇 번씩 써 보세요.

| bark | 짖다 |

bark ▸ bark

| near | ~근처에 |

near ▸ near

| fence | 울타리 |

fence ▸ fence

오늘의 문장 듣고 써 보기

MP3_142

오늘 만든 문장의 전체 발음을 듣고 소리 내어 말하며 스스로 써 보세요.

The dog is barking near the fence.

이번 시간엔 2개[2마리] 이상인 사물/동식물이
무언갈 하고 있다고 영어로 말해 봅시다.

The birds are singing in the trees.

새들이 나무에서 노래하고 있어요.

'2개[2마리] 이상인 사물/동식물' 주어 → are 사용.

사람이 아닌 '사물/동식물'을 주어로 써서 말할 경우

이들이 2개[2마리] 이상이라면 be동사는 are를 써야 해요.

그럼 아래의 단어들로 '새들이 나무에서 노래하고 있다'고 해 보세요.

bird = 새 / sing = 노래하다 / tree = 나무

▼

주어	동사	전치사구
The birds	**are singing**	**in the trees**
새들이	노래하고 있다	나무들 안[속]에서

▼

The birds are singing in the trees.

새들이 나무들 속에서 노래하고 있다.

▼

새들이 나무에서 노래하고 있어요.

MP3_143

새로 배운 단어들의 발음을 듣고 소리 내어 말하며 몇 번씩 써 보세요.

bird	새

bird ▸ bird

sing	노래하다

sing ▸ sing

tree	나무

tree ▸ tree

오늘의 문장 듣고 써 보기

MP3_144

오늘 만든 문장의 전체 발음을 듣고 소리 내어 말하며 스스로 써 보세요.

The birds are singing in the trees.

· DAY ·
073

오늘의 쓰기 날짜   월   일

이번 시간엔 1개[1마리]인 사물/동식물이
'~였다'고 영어로 말해 봅시다.

The park was crowded with people.

공원이 사람들로 붐볐어요.

'1개[1마리]인 사물/동식물' 주어 → [과거형]이면 **was** 사용.

[현재형]일 때 **is**를 쓰니까 [과거형]이면 **was**를 써야 해요.

그럼 아래에 주어진 단어들로

'공원 한 군데가 사람들로 붐볐다'고 말해 보세요.

park = 공원 / **crowded** = 붐비는 / **people** = 사람들

▼

주어	be동사	보어	전치사구
The park	was	crowded	with people
공원은	였다	붐비는 (상태)	사람들로

▼

The park was crowded with people.

공원은 사람들로 붐비는 (상태)였다.

▼

공원이 사람들로 붐볐어요.

184

MP3_145

새로 배운 단어들의 발음을 듣고 소리 내어 말하며 몇 번씩 써 보세요.

park	공원

park ▸ park

crowded	붐비는

crowded ▸ crowded

people	사람들

people ▸ people

오늘의 문장 듣고 써 보기

MP3_146

오늘 만든 문장의 전체 발음을 듣고 소리 내어 말하며 스스로 써 보세요.

The park was crowded with people.

이번 시간엔 2개[2마리] 이상인 사물/동식물이
'~였다'고 영어로 말해 봅시다.

The streets were empty at midnight.

길들이 자정 무렵 텅 비었어요.

'2개[2마리] 이상인 사물/동식물' 주어 → [과거형]이면 **were** 사용.

[현재형]일 때 **are**를 쓰니까 [과거형]이면 **were**를 써야 해요.

그럼 아래에 주어진 단어들로

'길들이 자정 무렵 비어 있었다'고 말해 보세요.

street = 길 / **empty** = 비어 있는 / **midnight** = 자정

▼

주어	be동사	보어	전치사구
The streets	**were**	**empty**	**at midnight**
길들은	였다	비어 있는 (상태)	자정에

▼

The streets were **empty** at midnight.

길들은 자정에 비어 있는 (상태)였다.

▼

길들이 자정 무렵 텅 비었어요.

MP3_147

새로 배운 단어들의 발음을 듣고 소리 내어 말하며 몇 번씩 써 보세요.

street	길

street ▸ street

empty	비어 있는

empty ▸ empty

midnight	자정, 밤 12시

midnight ▸ midnight

오늘의 문장 듣고 써 보기

MP3_148

오늘 만든 문장의 전체 발음을 듣고 소리 내어 말하며 스스로 써 보세요.

The streets were empty at midnight.

주어가 1개[1마리]인 사물/동식물일 경우
일반 동사를 어떻게 써야 하는지 배워 봅시다.

The rose smells wonderful.

장미가 아주 좋은 향이 나요.

'1개[1마리]인 사물/동식물' 주어 → 일반 동사 끝에 '-s' 붙여서 사용.

사람이 아닌 '사물/동식물'을 주어로 써서 말할 때

1개[1마리]일 경우 be동사 외 일반 동사들은 끝에 '-s'를 붙여야 해요.

그럼 아래의 단어들로 '장미가 아주 좋은 향이 난다'고 해 보세요.

rose = 장미 / smell = (~한) 냄새[향]이 난다 / wonderful = 아주 좋은

▼

주어	동사	보어
The rose	**smells**	**wonderful**
장미는	향이 난다	아주 좋은

▼

The rose smells wonderful.

장미는 아주 좋은 향이 난다.

▼

장미가 아주 좋은 향이 나요.

MP3_149

새로 배운 단어들의 발음을 듣고 소리 내어 말하며 몇 번씩 써 보세요.

rose	장미

rose ▸ rose

smell	(~한) 냄새[향]이 난다

smell ▸ smell

wonderful	아주 좋은, 아주 멋진

wonderful ▸ wonderful

MP3_150

오늘 만든 문장의 전체 발음을 듣고 소리 내어 말하며 스스로 써 보세요.

The rose smells wonderful.

•DAY• 076

오늘의 쓰기 날짜   월   일

주어가 2개[2마리] 이상인 사물/동식물일 경우
일반 동사를 어떻게 써야 하는지 배워 봅시다.

The leaves fall in autumn.

나뭇잎들은 가을에 져요.

'2개[2마리] 이상인 사물/동식물' 주어 → 일반 동사 그대로 사용.

'2개[2마리] 이상인 사물/동식물'을 주어로 써서

일반 동사로 말할 땐 '원래 모양 그대로' 일반 동사를 쓰면 돼요.

그럼 아래의 단어들로 '나뭇잎들이 가을에 떨어진다'고 해 보세요.

leaf (leaves) = 나뭇잎 (나뭇잎들) / **fall** = 떨어지다 / **autumn** = 가을

▼

주어	동사	전치사구
The leaves	**fall**	**in autumn**
나뭇잎들은	떨어진다	가을에

▼

The leaves **fall in autumn.**

나뭇잎들은 가을에 떨어진다.

▼

나뭇잎들은 가을에 져요.

190

새로운 단어 듣고 써 보기

새로 배운 단어들의 발음을 듣고 소리 내어 말하며 몇 번씩 써 보세요.

leaf (leaves)	나뭇잎 (나뭇잎들)

leaf ▸ leaf

fall	떨어지다

fall ▸ fall

autumn	가을

autumn ▸ autumn

오늘의 문장 듣고 써 보기

오늘 만든 문장의 전체 발음을 듣고 소리 내어 말하며 스스로 써 보세요.

The leaves fall in autumn.

오늘의 쓰기 날짜   월   일

과거형 동사를 써서 사물/동식물 주어가
'(과거에) ~했다'고 영어로 말해 보세요.

The doll fell from the shelf.

인형이 선반에서 떨어졌어요.

fall = 떨어지다 → [과거형] fell = 떨어졌다

The doll fell = 인형이 떨어졌다

일반 동사의 과거형은 주어가 무엇이든 원래 모양 그대로 써요.

아래의 단어들로 '인형이 선반으로부터 떨어졌다'고 말해 보세요.

from + 명사 = ~(으)로부터 / shelf = 선반

▼

주어	동사	전치사구
The doll	**fell**	**from the shelf**
인형이	떨어졌다	선반으로부터

▼

The doll fell from the shelf.

인형이 선반으로부터 떨어졌다.

▼

인형이 선반에서 떨어졌어요.

새로운 단어 듣고 써 보기

MP3_153

새로 배운 단어들의 발음을 듣고 소리 내어 말하며 몇 번씩 써 보세요.

doll	인형

doll ▸ doll

from	~(으)로부터

from ▸ from

shelf	선반

shelf ▸ shelf

오늘의 문장 듣고 써 보기

MP3_154

오늘 만든 문장의 전체 발음을 듣고 소리 내어 말하며 스스로 써 보세요.

The doll fell from the shelf.

이번 시간엔 'will + 동사' 표현으로 사물/동식물이
'(미래에) ~할 것이다'라고 영어로 말해 보세요.

The plane will depart at noon.

비행기는 정오에 출발하게 됩니다.

depart = 출발하다

The plane will depart = 비행기가 출발할 것입니다

사물/동식물 주어에도 'will + 동사'를 써서 미래를 말할 수 있어요.

아래의 단어들로 '비행기가 정오에 출발할 것이다'라고 말해 보세요.

at + 시간 = ~시에 / **noon** = 정오, 낮 12시

▼

주어	동사	전치사구
The plane	**will depart**	**at noon**
비행기는	출발할 것이다	정오에

▼

The plane will depart at noon.

비행기는 정오에 출발할 것이다.

▼

비행기는 정오에 출발하게 됩니다.

MP3_155

새로 배운 단어들의 발음을 듣고 소리 내어 말하며 몇 번씩 써 보세요.

plane	비행기

plane ▸ plane

depart	출발하다, 떠나다

depart ▸ depart

noon	정오, 낮 12시

noon ▸ noon

오늘의 문장 듣고 써 보기

MP3_156

오늘 만든 문장의 전체 발음을 듣고 소리 내어 말하며 스스로 써 보세요.

The plane will depart at noon.

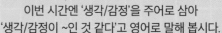
오늘의 쓰기 날짜   월   일

이번 시간엔 '생각/감정'을 주어로 삼아
'생각/감정이 ~인 것 같다'고 영어로 말해 봅시다.

Your idea sounds interesting.

네 아이디어는 흥미로운 것 같아.

idea = 아이디어, 생각 / sound + 형용사 = ~인 것 같다

Your idea sounds + 형용사 = 너의 아이디어는 ~인 것 같다

사물/동식물 외 '생각/감정'도 주어로 삼아 말할 수 있어요.

아래의 단어로 '너의 아이디어는 흥미로운 것 같다'고 말해 보세요.

interesting = 흥미로운

▼

주어	동사	보어
Your idea	sounds	interesting
너의 아이디어는	인 것 같다	흥미로운 (상태)

▼

Your idea sounds interesting.

너의 아이디어는 흥미로운 (상태)인 것 같다.

▼

네 아이디어는 흥미로운 것 같아.

새로운 단어 듣고 써 보기

새로 배운 단어들의 발음을 듣고 소리 내어 말하며 몇 번씩 써 보세요.

idea	아이디어, 생각

idea ▸ idea

sound	~인 것 같다

sound ▸ sound

interesting	흥미로운

interesting ▸ interesting

오늘의 문장 듣고 써 보기

오늘 만든 문장의 전체 발음을 듣고 소리 내어 말하며 스스로 써 보세요.

Your idea sounds interesting.

이번 시간엔 '신체 부위'를 주어로 삼아
'신체 부위가 ~(상태)이다'라고 말해 봅시다.

My throat is sore from the cold.

목구멍이 감기 때문에 따가워요.

신체 부위 **is** 형용사 = 신체 부위가 ~(상태)이다

'사물/동식물/생각/감정'에 더해

'신체 부위'도 주어로 삼아 증상을 말할 수 있어요.

아래의 단어들로 '목구멍이 따갑다'고 말해 볼까요?

throat = 목구멍 / **sore** = 따가운, 아픈 / **cold** = 감기

▼

주어	be동사	보어	전치사구
My throat	**is**	**sore**	**from the cold**
나의 목구멍이	이다	따가운 (상태)	감기로부터

▼

My throat is sore from the cold.

나의 목구멍이 감기로부터 따가운 (상태)이다.

▼

목구멍이 감기 때문에 따가워요.

새로운 단어 듣고 써 보기

새로 배운 단어들의 발음을 듣고 소리 내어 말하며 몇 번씩 써 보세요.

throat	목구멍

throat ▸ throat

sore	따가운, 아픈

sore ▸ sore

cold	감기

cold ▸ cold

오늘의 문장 듣고 써 보기

MP3_160

오늘 만든 문장의 전체 발음을 듣고 소리 내어 말하며 스스로 써 보세요.

My throat is sore from the cold.

CHAPTER 09

'누가, 언제, 어디서 ~?'라고 영어로 질문하기

학습 목표 & 주요 내용

- 의문사 who로 '누가 ~이니?'라고 질문하기
- 문장 Who is 보어? 단어 who, favorite, author

- 의문사 who로 '누가 ~하니?'라고 질문하기
- 문장 Who + 동사 + 목적어 + 부사? 단어 win (won), award, prize

- 의문사 who로 '누구를 ~는 ~했니?'라고 질문하기
- 문장 Who did + 주어 + 동사 + 전치사구? 단어 invite, bring, introduce

- 의문사 when으로 '언제가 ~이니?'라고 질문하기
- 문장 When is 보어? 단어 when, train, London

- 의문사 when으로 '언제 ~는 ~했니?'라고 질문하기
- 문장 When did + 주어 + 동사 + 목적어? 단어 finish, meal, homework

- 의문사 when으로 '언제 ~는 ~하니?'라고 질문하기
- 문장 When do/does + 주어 + 부사 + 동사? 단어 usually, wake up, exercise

- 의문사 when으로 '언제 ~는 ~할 거니?'라고 질문하기
- 문장 When will 주어 + 동사? 단어 store, restaurant, hospital

- 의문사 where로 '어디가 ~이니?'라고 질문하기
- 문장 Where is 보어? 단어 where, nearest, station

- 의문사 where로 '어디서 ~는 ~했니?'라고 질문하기
- 문장 Where did + 주어 + 동사 + 목적어? 단어 get, those, earring

- 의문사 where로 '어디서 ~는 ~할 거니?'라고 질문하기
- 문장 Where will + 주어 + 동사 + 목적어? 단어 spend, holiday, anniversary

DAY 081

오늘의 쓰기 날짜   월   일

이번 시간엔 의문사 who를 활용하여
'누가 ~이니?'라고 영어로 질문해 보세요.

Who is your favorite author?

네가 가장 좋아하는 작가는 누구야?

who = 누가, 누구를

Who is 명사(사람)? = 누가 ~이니?

의문사는 '1개[1명]인 단수'로 취급하기 때문에 **be**동사 중 **is**를 써요.

그럼 위 표현으로 '누가 너의 가장 좋아하는 작가야?'라고 물어보세요.

favorite = 가장 좋아하는 / **author** = 작가

▼

의문사	be동사	보어
Who	is	your favorite author?
누가	이니?	너의 가장 좋아하는 작가

▼

Who is your favorite author?

누가 너의 가장 좋아하는 작가이니?

▼

네가 가장 좋아하는 작가는 누구야?

202

새로운 단어 듣고 써 보기

MP3_161

새로 배운 단어들의 발음을 듣고 소리 내어 말하며 몇 번씩 써 보세요.

who	누가, 누구를

who ▸ who

favorite	가장 좋아하는

favorite ▸ favorite

author	작가

author ▸ author

오늘의 문장 듣고 써 보기

MP3_162

오늘 만든 문장의 전체 발음을 듣고 소리 내어 말하며 스스로 써 보세요.

Who is your favorite author?

이번 시간엔 의문사 who를 활용하여
'누가 ~하니?'라고 영어로 질문해 보세요.

Who won the award last night?

어젯밤에 누가 상을 탔나요?

Who + 일반 동사**?** = 누가 ~하니?

이번엔 **who** 뒤에 '일반 동사'를 붙여 말해 볼까요?

아래의 단어들로 '누가 상을 탔니?'라고 질문해 보세요.

win (won) = 타다, 차지하다 (탔다, 차지했다)

award = 상 / **prize** = 상, 상품

▼

의문사	동사	목적어	부사
Who 누가	**won** 탔니?	**the award** 상을	**last night?** 어젯밤

▼

Who won **the award last night?**

누가 어젯밤 상을 탔니?

▼

어젯밤에 누가 상을 탔나요?

새로운 단어 듣고 써 보기

MP3_163

새로 배운 단어들의 발음을 듣고 소리 내어 말하며 몇 번씩 써 보세요.

win (won)	타다, 차지하다 (탔다, 차지했다)

win ▸ win

award	상

award ▸ award

prize	상, 상품

prize ▸ prize

오늘의 문장 듣고 써 보기

MP3_164

오늘 만든 문장의 전체 발음을 듣고 소리 내어 말하며 스스로 써 보세요.

Who won the award last night?

205

오늘의 쓰기 날짜   월   일

이번 시간엔 의문사 who를 활용하여
'누구를 ~는 ~했니?'라고 질문해 보세요.

Who did you invite to the party?

파티에 누구를 초대했나요?

Who did + 주어 + 동사? = 누구를 ~는 ~했니?

이번에 위 표현과 아래의 단어들을 활용하여

'누구를 너는 파티에 초대했니/데려왔니/소개했니?'라고

영어로 질문해 보세요.

invite = 초대하다 / **bring** = 데려오다 / **introduce** = 소개하다

▼

의문사	조동사	주어	동사	전치사구
Who	**did**	**you**	invite	**to the party**?
누구를	했니?	너는	초대하다	파티에

▼

Who did you invite to the party?

누구를 너는 파티에 초대했니?

▼

파티에 누구를 초대했나요?

MP3_165

새로 배운 단어들의 발음을 듣고 소리 내어 말하며 몇 번씩 써 보세요.

invite	초대하다

invite ▶ invite

bring	데려오다

bring ▶ bring

introduce	소개하다

introduce ▶ introduce

오늘의 문장 듣고 써 보기

MP3_166

오늘 만든 문장의 전체 발음을 듣고 소리 내어 말하며 스스로 써 보세요.

Who did you invite to the party?

이번 시간엔 의문사 when을 활용하여
'언제가 ~이니?'라고 영어로 질문해 봅시다.

When is the next train to London?

런던으로 가는 다음 기차는 언제야?

---

when = 언제(가)

When is 명사? = 언제가 ~이니?

의문사 **when** 역시 '단수'로 취급하기 때문에 **be**동사 중 **is**를 써요.

그럼 위 표현으로 '언제가 런던으로 가는 다음 기차이니?'라고 물어보세요.

next = 다음 / **train** = 기차 / **London** = 기차

▼

의문사	be동사	보어	전치사구
When 언제가	**is** 이니?	**the next train** 다음 기차	**to London?** 런던으로 가는

▼

When is the next train to London?

언제가 런던으로 가는 다음 기차이니?

▼

런던으로 가는 다음 기차는 언제야?

MP3_167

새로 배운 단어들의 발음을 듣고 소리 내어 말하며 몇 번씩 써 보세요.

| when | 언제(가) |

when ▸ when

| train | 기차 |

train ▸ train

| London | 런던 (영국의 수도) |

London ▸ London

오늘의 문장 듣고 써 보기

MP3_168

오늘 만든 문장의 전체 발음을 듣고 소리 내어 말하며 스스로 써 보세요.

When is the next train to London?

이번 시간엔 의문사 when을 활용하여
'언제 ~는 ~했니?'라고 영어로 질문해 보세요.

When did you finish your meal?

너 언제 식사를 끝마쳤니?

When did + 주어 + 동사? = 언제 ~는 ~했니?

이번에 위 표현과 아래의 단어들을 활용하여

'언제 너는 식사를[숙제를] 끝마쳤니?'라고

영어로 질문해 보세요.

finish = 끝내다 / mean = 식사 / homework = 숙제

▼

의문사	조동사	주어	동사	목적어
When	did	**you**	finish	**your meal?**
언제	했니?	너는	끝내다	너의 식사를

▼

When did you finish your meal?

언제 너는 너의 식사를 끝냈니?

▼

너 언제 식사를 끝마쳤니?

MP3_169

새로 배운 단어들의 발음을 듣고 소리 내어 말하며 몇 번씩 써 보세요.

| finish | 끝내다 |

finish ▸ finish

| meal | 식사 |

meal ▸ meal

| homework | 숙제 |

homework ▸ homework

MP3_170

오늘 만든 문장의 전체 발음을 듣고 소리 내어 말하며 스스로 써 보세요.

When did you finish your meal?

오늘의 쓰기 날짜 　　월　　일

이번엔 의문사 when을 활용하여
'언제 ~는 ~하니?'라고 영어로 질문해 보세요.

When does he usually wake up?

그는 주로 언제 일어나?

When do/does + 주어 + 동사**?** = 언제 ~는 ~하니?

주어가 '**he/she**'일 땐 **does**를 사용해야 하는 것 아시죠?

이번에 위 표현과 아래의 단어들을 활용하여

'언제 그는 주로 일어나니[운동하니]?'라고 질문해 보세요.

usually = 주로 / **wake up** = 일어나다 / **exercise** = 운동하다

▼

의문사	조동사	주어	부사	동사
When	does	**he**	**usually**	wake up?
언제	하니?	그는	주로	일어나다

▼

When does he usually wake up?

언제 그는 주로 일어나니?

▼

그는 주로 언제 일어나?

새로운 단어 듣고 써 보기

MP3_171

새로 배운 단어들의 발음을 듣고 소리 내어 말하며 몇 번씩 써 보세요.

usually	주로, 보통

usually ▸ usually

wake up	일어나다

wake up ▸ wake up

exercise	운동하다

exercise ▸ exercise

오늘의 문장 듣고 써 보기

MP3_172

오늘 만든 문장의 전체 발음을 듣고 소리 내어 말하며 스스로 써 보세요.

When does he usually wake up?

오늘의 쓰기 날짜   월   일

이번 시간엔 의문사 when을 활용하여
'언제 ~는 ~하니?'라고 영어로 질문해 봅시다.

When will the store open?

가게가 문을 언제 여나요?

When will + 주어 + **동사?** = 언제 ~는 ~하겠니?

이번에 위 표현과 아래의 단어들을 활용하여

'언제 가게는/식당은/병원은 (문을) 열겠니?'라고

영어로 질문해 보세요.

store = 가게 / **restaurant** = 식당 / **hospital** = 병원

▼

의문사	조동사	주어	동사
When	**will**	**the store**	**open?**
언제	겠니?	가게는	(문을) 열다

▼

When will the store open?

언제 가게는 (문을) 열겠니?

▼

가게가 문을 언제 여나요?

MP3_173

새로 배운 단어들의 발음을 듣고 소리 내어 말하며 몇 번씩 써 보세요.

store	가게

store ▸ store

restaurant	식당

restaurant ▸ restaurant

hospital	병원

hospital ▸ hospital

오늘의 문장 듣고 써 보기

MP3_174

오늘 만든 문장의 전체 발음을 듣고 소리 내어 말하며 스스로 써 보세요.

When will the store open?

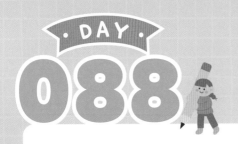

DAY 088

오늘의 쓰기 날짜 　　월　　일

이번 시간엔 의문사 where을 활용하여
'어디가 ~이니?'라고 영어로 질문해 봅시다.

Where is the nearest station?

가장 가까운 역이 어디야?

where = 어디가, 어디서

Where is 명사? = 어디가 ~이니?

의문사 where 역시 '단수'로 취급하기 때문에 be동사 중 is를 써요.

그럼 위 표현으로 '가장 가까운 역이 어디이니?'라고 물어보세요.

nearest = 가장 가까운 / station = 역

▼

의문사	be동사	보어
Where	is	the nearest station?
어디가	이니?	가장 가까운 역

▼

Where is the nearest station?

어디가 가장 가까운 역이니?

▼

가장 가까운 역이 어디야?

216

새로 배운 단어들의 발음을 듣고 소리 내어 말하며 몇 번씩 써 보세요.

| where | 어디가, 어디서 |

where ▸ where

| nearest | 가장 가까운 |

nearest ▸ nearest

| station | 역 |

station ▸ station

오늘의 문장 듣고 써 보기

MP3_176

오늘 만든 문장의 전체 발음을 듣고 소리 내어 말하며 스스로 써 보세요.

Where is the nearest station?

DAY 089

오늘의 쓰기 날짜　　월　　일

이번 시간엔 의문사 where을 활용하여
'어디서 ~는 ~했니?'라고 질문해 봅시다.

Where did you get those earrings?

너 그 귀걸이 어디서 구했어?

Where did + 주어 + **동사?** = 어디서 ~는 ~했니?

이번에 위 표현과 아래의 단어들을 활용하여

'어디서 너는 그 귀걸이를 구했니?'라고 영어로 질문해 보세요.

get = 얻다, 구하다

those + 복수명사 = 그[저] ~ / **earring** = 귀걸이

▼

의문사	조동사	주어	동사	목적어
Where	**did**	**you**	**get**	**those earrings?**
어디서	했니?	너는	구하다	그 귀걸이들을

▼

Where did you get those earrings?

어디서 너는 그 귀걸이들을 구했니?

▼

너 그 귀걸이 어디서 구했어?

218

MP3_177

새로 배운 단어들의 발음을 듣고 소리 내어 말하며 몇 번씩 써 보세요.

| get | 얻다, 구하다 |

get ▸ get

| those | 그, 저 |

those ▸ those

| earring | 귀걸이 |

earring ▸ earring

오늘의 문장 듣고 써 보기

MP3_178

오늘 만든 문장의 전체 발음을 듣고 소리 내어 말하며 스스로 써 보세요.

Where did you get those earrings?

219

오늘의 쓰기 날짜 　월 　일

이번 시간엔 의문사 where을 활용하여
'어디서 ~는 ~할 거니?'라고 질문해 보세요.

Where will they spend their holiday?

그들은 어디서 휴가를 보내는 거야?

Where will + 주어 + 동사? = 어디서 ~는 ~하겠니?

이번에 위 표현과 아래의 단어들을 활용하여

'어디서 그들은 휴가를[기념일을] 보내겠니?'라고 질문해 보세요.

spend = (돈을) 쓰다; (시간을) 보내다

holiday = 휴가, 방학 / anniversary = 기념일

▼

의문사	조동사	주어	동사	목적어
Where	**will**	**they**	**spend**	**their holiday?**
어디서	겠니?	그들은	보내다	그들의 휴가를

▼

Where will they spend their holiday?

어디서 그들은 그들의 휴가를 보내겠니?

▼

그들은 어디서 휴가를 보내는 거야?

새로운 단어 듣고 써 보기

MP3_179

새로 배운 단어들의 발음을 듣고 소리 내어 말하며 몇 번씩 써 보세요.

spend	(돈을) 쓰다; (시간을) 보내다

spend ▸ spend

holiday	휴가, 방학

holiday ▸ holiday

anniversary	기념일

anniversary ▸ anniversary

오늘의 문장 듣고 써 보기

MP3_180

오늘 만든 문장의 전체 발음을 듣고 소리 내어 말하며 스스로 써 보세요.

Where will they spend their holiday?

학습 목표 & 주요 내용

- 의문사 what으로 '무엇이 ~이니?'라고 질문하기
- 문장 What is 보어? 단어 what, season, hobby

- 의문사 what으로 '무엇이 ~하니[했니]?'라고 질문하기
- 문장 What + 동사 + 목적어 + 목적격 보어? 단어 disappointed, frustrated, upset

---

- 의문사 what으로 '무엇이 ~하겠니?'라고 질문하기
- 문장 Wha will + 동사 + 전치사구? 단어 happen, future, in the future

- 의문사 what으로 '무엇을 ~는 ~할 거니?'라고 질문하기
- 문장 What will + 주어 + 동사 + 전치사구? 단어 Monday, Tuesday, Wednesday

---

- 의문사 what으로 '무엇을 ~는 ~했니?'라고 질문하기
- 문장 What did + 주어 + 동사 + 전치사구? 단어 wear, Saturday, Sunday

- 의문사 how로 '~이[가] 어때?'라고 질문하기
- 문장 How is + 보어 + 부사? 단어 how, weather, outside

- 의문사 how로 '요즘 어떻게 지내?'라고 안부 묻기
- 문장 How are + 주어 + 동사-ing + 부사? 단어 thing, go, these days

- 의문사 how로 '어떻게 ~는 ~했니?'라고 질문하기
- 문장 How did + 주어 + 동사 + 목적어? 단어 solve, problem, puzzle

- 의문사 why로 '왜 ~는 ~했니?'라고 질문하기
- 문장 Why did + 주어 + 동사 + 목적어? 단어 why, change, mind

- 의문사 why로 '왜 ~는 ~하니?'라고 질문하기
- 문장 Why do/does + 주어 + 동사 + 부사? 단어 think, act, that way

DAY 091

오늘의 쓰기 날짜   월   일

이번 시간엔 의문사 what을 활용하여
'무엇이 ~이니?'라고 영어로 질문해 봅시다.

What is your favorite season?

네가 가장 좋아하는 계절은 뭐야?

what = 무엇이, 무엇을

What is 명사? = 무엇이 ~이니?

의문사 **what** 역시 '단수'로 취급하기 때문에 **be**동사 중 **is**를 써요.

그럼 위 표현으로 '무엇이 가장 좋아하는 계절[취미]이야?'라고 물어보세요.

season = 계절 / **hobby** = 취미

▼

의문사	be동사	보어
What 무엇이	**is** 이니?	**your favorite season?** 너의 가장 좋아하는 계절

▼

What is your favorite season?

무엇이 너의 가장 좋아하는 계절이니?

▼

네가 가장 좋아하는 계절은 뭐야?

MP3_181

새로 배운 단어들의 발음을 듣고 소리 내어 말하며 몇 번씩 써 보세요.

| what | 무엇이, 무엇을 |

what ▸ what

| season | 계절 |

season ▸ season

| hobby | 취미 |

hobby ▸ hobby

MP3_182

오늘 만든 문장의 전체 발음을 듣고 소리 내어 말하며 스스로 써 보세요.

What is your favorite season?

오늘의 쓰기 날짜   월   일

이번 시간엔 의문사 what을 활용하여
'무엇이 ~하니[했니?]'라고 영어로 질문해 봅시다.

What made you disappointed?

뭐가 널 실망하게 했니?

What + 일반 동사? = 무엇이 ~하니[했니]?

이번에 위 표현과 아래의 단어들을 활용하여

'무엇이 널 실망/좌절/화나게 만들었니?'라고 질문해 보세요.

make (made) = 만들다 (만들었다)

disappointed = 실망한 / **frustrated** = 좌절한 / **upset** = 화나는

▼

의문사	동사	목적어	목적격 보어
What	made	**you**	**disappointed?**
무엇이	만들었니?	너를	실망하게

▼

What made you disappointed?

무엇이 너를 실망하게 만들었니?

▼

뭐가 널 실망하게 했니?

MP3_183

새로 배운 단어들의 발음을 듣고 소리 내어 말하며 몇 번씩 써 보세요.

disappointed	실망한

disappointed ▶ disappointed

frustrated	좌절한

frustrated ▶ frustrated

upset	화나는

upset ▶ upset

오늘의 문장 듣고 써 보기

MP3_184

오늘 만든 문장의 전체 발음을 듣고 소리 내어 말하며 스스로 써 보세요.

What made you disappointed?

오늘의 쓰기 날짜   월   일

이번 시간엔 의문사 what을 활용하여
'무엇이 ~하겠니?'라고 영어로 질문해 봅시다.

What will happen in the future?

미래에 무슨 일이 생길까?

What will + 동사? = 무엇이 ~하겠니?

이번에 위 표현과 아래의 단어들을 활용하여

'무엇이 미래에 일어나겠니?'라고 질문해 보세요.

happen = 일어나다, 발생하다

future = 미래 → **in the future** = 미래에

▼

의문사	동사	전치사구
What	**will happen**	**in the future?**
무엇이	일어나겠니?	미래에

▼

What will happen in the future?

무엇이 미래에 일어나겠니?

▼

미래에 무슨 일이 생길까?

새로 배운 단어들의 발음을 듣고 소리 내어 말하며 몇 번씩 써 보세요.

| **happen** | 일어나다, 발생하다 |

happen ▸ happen

| **future** | 미래 |

future ▸ future

| **in the future** | 미래에 |

in the future ▸ in the future

오늘의 문장 듣고 써 보기

MP3_186

오늘 만든 문장의 전체 발음을 듣고 소리 내어 말하며 스스로 써 보세요.

What will happen in the future?

이번 시간엔 의문사 what을 활용하여
'무엇을 ~는 ~할 거니?'라고 질문해 봅시다.

What will you do on Monday?

너 월요일에 뭐 할 거야?

What will + 주어 + 동사? = 무엇을 ~는 ~할 거니?

이번에 위 표현과 아래의 단어들을 활용하여

'무엇을 너는 월요일/화요일/수요일에 할 거야?'라고 질문해 보세요.

on + 요일 = ~요일에

Monday = 월요일 / Tuesday = 화요일 / Wednesday = 수요일

▼

의문사	조동사	주어	동사	전치사구
What	**will**	**you**	**do**	**on Monday?**
무엇을	거니?	너는	하다	월요일에

▼

What will you do on Monday?

무엇을 너는 월요일에 할 거니?

▼

너 월요일에 뭐 할 거야?

MP3_187

새로 배운 단어들의 발음을 듣고 소리 내어 말하며 몇 번씩 써 보세요.

| Monday | 월요일 |

Monday ▸ Monday

| Tuesday | 화요일 |

Tuesday ▸ Tuesday

| Wednesday | 수요일 |

Wednesday ▸ Wednesday

오늘의 문장 듣고 써 보기

MP3_188

오늘 만든 문장의 전체 발음을 듣고 소리 내어 말하며 스스로 써 보세요.

What will you do on Monday?

이번 시간엔 의문사 what을 활용하여
'무엇을 ~는 ~했니?'라고 질문해 봅시다.

What did you wear on Saturday?

너 토요일에 뭐 입었어?

What did + 주어 + 동사? = 무엇을 ~는 ~했니?

이번에 위 표현과 아래의 단어들을 활용하여

'무엇을 너는 토요일/일요일에 입었어?'라고 질문해 보세요.

wear = 입다, 착용하다

Saturday = 토요일 / **Sunday** = 일요일

▼

의문사	조동사	주어	동사	전치사구
What	**did**	**you**	**wear**	**on Saturday?**
무엇을	했니?	너는	입다	토요일에

▼

What did you wear on Saturday?

무엇을 너는 토요일에 입었니?

▼

너 토요일에 뭐 입었어?

MP3_189

새로 배운 단어들의 발음을 듣고 소리 내어 말하며 몇 번씩 써 보세요.

| wear | 입다, 착용하다 |

wear ▸ wear

| Saturday | 토요일 |

Saturday ▸ Saturday

| Sunday | 일요일 |

Sunday ▸ Sunday

오늘의 문장 듣고 써 보기

MP3_190

오늘 만든 문장의 전체 발음을 듣고 소리 내어 말하며 스스로 써 보세요.

What did you wear on Saturday?

이번 시간엔 의문사 how를 활용하여
'~이[가] 어때?'라고 영어로 질문해 봅시다.

How is the weather outside?

밖에 날씨 어때?

how = 어떻(게)

How is 명사? = ~이[가] 어떻니?

의문사 how 역시 '단수'로 취급하기 때문에 be동사 중 is를 써요.

그럼 위 표현으로 '바깥에 날씨가 어떻니?'라고 질문해 보세요.

weather = 날씨 / outside = 바깥에(서)

▼

의문사	be동사	보어	부사
How 어떻	is 니?	the weather 날씨가	outside 바깥에

▼

How is the weather outside?

바깥에 날씨가 어떻니?

▼

밖에 날씨 어때?

새로운 단어 듣고 써 보기

새로 배운 단어들의 발음을 듣고 소리 내어 말하며 몇 번씩 써 보세요.

how	어떻(게)

how ▸ how

weather	날씨

weather ▸ weather

outside	바깥에(서)

outside ▸ outside

오늘의 문장 듣고 써 보기

오늘 만든 문장의 전체 발음을 듣고 소리 내어 말하며 스스로 써 보세요.

How is the weather outside?

DAY 097

오늘의 쓰기 날짜   월   일

이번 시간엔 의문사 how를 활용하여
'요즘 어떻게 지내?'라고 안부 인사를 말해 봅시다.

How are things going these days?

요즘 어떻게 지내?

---

go = (일의 진행이 어떻게) 되다 / thing = 것, 일

How are **things** going? = 일들은 어떻게 되고 있니?

위 문장은 결국 '요즘 어떻게 지내?'라고 묻는 안부 표현이랍니다.

위 문장에 아래의 표현까지 더해서 말하면 더 좋겠죠?

these days = 요즘, 최근

▼

의문사	be동사	주어	동사-ing	부사
How 어떻게	are 이니?	things 일들은	going 되고 있는	these days? 요즘

▼

How are things going these days?

요즘 일들은 어떻게 되고 있니?

▼

요즘 어떻게 지내?

236

MP3_193

새로 배운 단어들의 발음을 듣고 소리 내어 말하며 몇 번씩 써 보세요.

| thing | 것, 일 |

thing ▶ thing

| go | (일의 진행이 어떻게) 되다 |

go ▶ go

| these days | 요즘, 최근 |

these days ▶ these days

오늘의 문장 듣고 써 보기

MP3_194

오늘 만든 문장의 전체 발음을 듣고 소리 내어 말하며 스스로 써 보세요.

How are things going these days?

이번 시간엔 의문사 how를 활용하여
'어떻게 ~는 ~했니?'라고 질문해 봅시다.

How did you solve the problem?

너 문제를 어떻게 풀었어?

How did + 주어 + 동사? = 어떻게 ~는 ~했니?

이번에 위 표현과 아래의 단어들을 활용하여

'어떻게 너는 문제를[퍼즐을] 풀었니?'라고 질문해 봅시다.

solve = 풀다, 해결하다

problem = 문제 / puzzle = 퍼즐

▼

의문사	조동사	주어	동사	목적어
How	did	you	solve	the problem?
어떻게	했니?	너는	풀다	문제를

▼

How did you solve the problem?

어떻게 너는 문제를 풀었니?

▼

너 문제를 어떻게 풀었어?

새로운 단어 듣고 써 보기

MP3_195

새로 배운 단어들의 발음을 듣고 소리 내어 말하며 몇 번씩 써 보세요.

solve	풀다, 해결하다

solve ▸ solve

problem	문제

problem ▸ problem

puzzle	퍼즐

puzzle ▸ puzzle

오늘의 문장 듣고 써 보기

MP3_196

오늘 만든 문장의 전체 발음을 듣고 소리 내어 말하며 스스로 써 보세요.

How did you solve the problem?

DAY 099

오늘의 쓰기 날짜   월   일

이번 시간엔 의문사 why를 활용하여
'왜 ~는 ~했니?'라고 영어로 질문해 봅시다.

Why did you
change your mind?

너 왜 마음을 바꾼 거야?

why = 왜

Why did + 주어 + 동사? = 왜 ~는 ~했니?

이번에 위 표현과 아래의 단어들을 활용하여
'왜 너는 마음을 바꾸었니?'라고 질문해 봅시다.

change = 바꾸다 / mind = 마음

▼

의문사	조동사	주어	동사	목적어
Why	did	you	change	your mind?
왜	했니?	너는	바꾸다	너의 마음을

▼

Why did you change your mind?

왜 너는 너의 마음을 바꾸었니?

▼

너 왜 마음을 바꾼 거야?

새로운 단어 듣고 써 보기

MP3_197

새로 배운 단어들의 발음을 듣고 소리 내어 말하며 몇 번씩 써 보세요.

why	왜

why ▸ why

change	바꾸다

change ▸ change

mind	마음

mind ▸ mind

오늘의 문장 듣고 써 보기

MP3_198

오늘 만든 문장의 전체 발음을 듣고 소리 내어 말하며 스스로 써 보세요.

Why did you change your mind?

오늘의 쓰기 날짜   월   일

이번 시간엔 의문사 why를 활용하여
'왜 ~는 ~하니?'라고 영어로 질문해 봅시다.

Why do you think that way?

너는 왜 그렇게 생각해?

Why do/does + 주어 + 동사**?** = 왜 ~는 ~하니?

이번에 위 표현과 아래의 단어들을 활용하여

'너는 왜 그렇게 생각해[행동해]?'라고 질문해 봅시다.

think = 생각하다 / **act** = 행동하다

way = 방식 → **that way** = 그 방식으로 = 그렇게

▼

의문사	조동사	주어	동사	부사
Why	**do**	**you**	**think**	**that way?**
왜	하니?	너는	생각하다	그렇게

▼

Why do you think that way?

왜 너는 그렇게 생각하니?

▼

너는 왜 그렇게 생각해?

242

MP3_199

새로 배운 단어들의 발음을 듣고 소리 내어 말하며 몇 번씩 써 보세요.

| think | 생각하다 |

think ▸ think

| act | 행동하다 |

act ▸ act

| that way | 그렇게 |

that way ▸ that way

오늘의 문장 듣고 써 보기

MP3_200

오늘 만든 문장의 전체 발음을 듣고 소리 내어 말하며 스스로 써 보세요.

Why do you think that way?

영어 단어 INDEX

그동안 정말 잘 했어요 여러분! 이번 시간엔 지금까지 배운 모든 영어 단어들을 알파벳 순서로 정리해 놓았어요. 잘 기억나지 않는 단어들은 맨 왼쪽 박스(□)에 체크 표시를 한 뒤 맨 오른쪽에 표시된 페이지로 돌아가 다시 한 번 복습하세요.

A(a)로 시작하는 단어들

B(b)로 시작하는 단어들

☐	bark (barked)	짖다 (짖었다)	181
☐	bathroom	화장실	151
☐	be (was/were)	~이다 (~였다)	045
☐	bedroom	침실	057
☐	before	~전에	073
☐	behavior	행동	159
☐	believe (believed)	믿다 (믿었다)	119
☐	bike	자전거	147
☐	bird	새	183
☐	birthday	생일	117
☐	bother (bothered)	귀찮게 하다 (귀찮게 했다)	043
☐	break	휴식	141
☐	bring (brought)	데려오다 (데려왔다)	207
☐	buy (bought)	사다; 사 주다 (샀다; 사 줬다)	145
☐	by	~(으)로 인해	089

C(c)로 시작하는 단어들

☐	call (called)	전화; 전화하다 (전화했다)	121
☐	chair	의자	031
☐	chance	기회	167
☐	change (changed)	바꾸다 (바꿨다)	241
☐	check (checked)	확인하다 (확인했다)	127
☐	childhood	어린 시절	077
☐	choir	합창단	085
☐	class	수업	067
☐	clean (cleaned)	청소하다 (청소했다)	055
☐	close (closed)	닫다 (닫았다)	095
☐	cold	감기	199
☐	come (came)	오다 (왔다)	053
☐	concentrate (concentrated)	집중하다 (집중했다)	051
☐	contest	대회	087
☐	crowded	붐비는	185

D(d)로 시작하는 단어들

☐	date	날짜	127
☐	depart (departed)	출발하다, 떠나다 (출발했다, 떠났다)	195
☐	desk	책상	029
☐	direction	지시	065
☐	disappointed	실망한	227
☐	disturb (disturbed)	방해하다 (방해했다)	169
☐	doll	인형	193
☐	door	문	093
☐	doorbell	초인종	115
☐	down	~아래로	155
☐	drop (dropped)	떨어뜨리다 (떨어뜨렸다)	099

E(e)로 시작하는 단어들

☐	earring	귀걸이	219
☐	eat (ate)	먹다 (먹었다)	103
☐	email	이메일	059
☐	empty	비어 있는	187
☐	enjoy (enjoyed)	즐기다 (즐겼다)	063
☐	evening	저녁	111
☐	event	행사	067
☐	exam	시험	081
☐	excellent	훌륭한, 탁월한	075
☐	exercise (exercised)	운동하다 (운동했다)	213
☐	eye	눈	095

F(f)로 시작하는 단어들

☐	fall (fell)	떨어지다 (떨어졌다)	191
☐	fast	빨리	049
☐	favorite	가장 좋아하는	203
☐	fence	울타리	181
☐	finish (finished)	끝내다 (끝냈다)	211
☐	flight	비행	073

☐	let (let)	허락하다 (허락했다)	169
☐	library	도서관	153
☐	light	불, 전등	131
☐	line	선, 줄	033
☐	listen (listened)	귀 기울이다 (귀 기울였다)	123
☐	living room	거실	057
☐	London	런던 (영국의 수도)	209

M(m)으로 시작하는 단어들

☐	make (made)	만들다 (만들었다)	149
☐	mate	짝	177
☐	math	수학	079
☐	me	나(에게); 나(를)	137
☐	meal	식사	211
☐	member	회원, 멤버	085
☐	message	메시지	059
☐	midnight	자정, 밤 12시	187
☐	mind	마음	241
☐	miss (missed)	놓치다 (놓쳤다)	167
☐	Monday	월요일	231
☐	money	돈	173
☐	month	달, 월	101
☐	morning	아침	109
☐	mouth	입	095
☐	move (moved)	이사 가다 (이사 갔다)	101

N(n)로 시작하는 단어들

☐	name	이름	129
☐	near	~근처에	181
☐	nearest	가장 가까운	217
☐	necklace	목걸이	145
☐	nervous	긴장한	073
☐	new	새로운	143

Q(q)로 시작하는 단어들

☐	question	질문	097

R(r)로 시작하는 단어들

☐	race	경주	087
☐	read (read)	읽다 (읽었다)	111
☐	receive (received)	받다 (받았다)	121
☐	relax (relaxed)	휴식을 취하다 (휴식을 취했다)	057
☐	remember (remembered)	기억하다 (기억했다)	129
☐	reply (replied)	응답하다 (응답했다)	097
☐	response	답장, 답변	121
☐	restaurant	식당	215
☐	result	결과	163
☐	ride	(차) 타는 것	161
☐	right now	지금 (바로 이 순간)	035
☐	road	길	155
☐	rose	장미	189
☐	rule	규칙	065
☐	run (ran)	달리다 (달렸다); 달리기	071

S(s)로 시작하는 단어들

☐	Saturday	토요일	233
☐	schedule	일정	127
☐	science	과학	079
☐	season	계절	225
☐	see (saw)	보다 (봤다)	153
☐	selfish	이기적인	045
☐	semester	학기	177
☐	shelf	선반	193
☐	since	~이후로	077
☐	sing (sang)	노래하다 (노래했다)	183
☐	sit (sat)	앉다 (앉았다)	031
☐	situation	상황	083

☐	sleep (slept)	자다 (잤다)	105
☐	smell (smelled)	냄새[향]이 나다 (냄새[향]이 났다)	189
☐	smile	미소	139
☐	snack	간식	039
☐	solution	해결책	161
☐	solve (solved)	풀다, 해결하다 (풀었다, 해결했다)	239
☐	some	약간의	173
☐	something	뭔가, 무엇	133
☐	somewhere	어딘가에	099
☐	soon	곧	165
☐	sore	따가운, 아픈	199
☐	sound (sounded)	~인 것 같다 (~인 것 같았다)	197
☐	spend (spent)	쓰다; 보내다 (썼다; 보냈다)	221
☐	stand (stood)	서다 (섰다)	033
☐	station	역	217
☐	store	가게	215
☐	story	이야기	119
☐	street	길	187
☐	study	서재	151
☐	stupid	멍청한	133
☐	Sunday	일요일	233
☐	surprised	놀란	089
☐	switch	스위치	131

T(t)로 시작하는 단어들

☐	take (took)	찍다 (찍었다)	035
☐	team	팀	061
☐	tell (told)	말하다 (말했다)	163
☐	that way	그렇게	243
☐	them	그들(에게); 그들(을)	147
☐	these days	요즘, 최근	237
☐	thing	것, 일	237
☐	think (thought)	생각하다 (생각했다)	243
☐	thirsty	목마른	071

Y(y)로 시작하는 단어들